生如夏花

——生命教育10人谈

朱永新 主编

『生命教育』系列丛书

山西出版传媒集团
山西教育出版社

图书在版编目（CIP）数据

生如夏花：生命教育10人谈／朱永新主编．—太原：山西教育出版社，2020.5（2021.11重印）
（生命教育系列丛书／朱永新主编）
ISBN 978-7-5703-0971-9

Ⅰ．①生…　Ⅱ．①朱…　Ⅲ．①生命哲学—中小学—课外读物　Ⅳ．①G634.203

中国版本图书馆CIP数据核字（2020）第116040号

生如夏花：生命教育10人谈
SHENG RU XIAHUA：SHENGMING JIAOYU 10 REN TAN

出版策划　潘　峰
责任编辑　刘继安
复　　审　刘晓露
终　　审　郭志强
装帧设计　陈　晓
印装监制　蔡　洁

出版发行　山西出版传媒集团・山西教育出版社
（太原市水西门街馒头巷7号　电话：0351-4729801　邮编：030002）
印　　装　山西新华印业有限公司
开　　本　890mm×1240mm　1/32
印　　张　5
字　　数　114千字
版　　次　2020年7月第1版　2021年11月山西第7次印刷
书　　号　ISBN　978-7-5703-0971-9
定　　价　24.00元

序

补上一堂生命教育课

朱永新

2020年伊始，一场疫情突如其来，全国人民投入到了没有硝烟的“战疫”之中。

为这场“战疫”，我们付出了巨大而惨痛的代价。习近平总书记说，这次抗击新冠肺炎疫情，是对我们国家治理体系和治理能力的一次大考。而从一个教育工作者的视角来看，这也是对我们教育工作的一次大考。我们看到，这次疫情给全国人民上了一堂生命体验课，确切地说是正在补上一堂生命教育课，因为这原本是我们每个人都应该学过的必修课。

生命与教育，本来就是一体的。教育，帮助一个生命个体从自然人变成社会人，通过拓展生命的长度、宽度和高度，帮助每一个生命个体成为更好的自己。在很多场合，我经常跟人说，如果我们的孩子连生命都没了，那么我们的教育还有什么意义呢？同样，如果我们的社会都不关心社会安全，忽视生命健康，那我们的经济发展还有什么意义呢？这次疫情所暴露出的民众缺乏健康与安全常识、公共卫生知识，避险求生和防范危机等技能普遍不足的问题，对自然和生命缺乏敬畏的问题，再一次呼唤全社会尤其是在教育领域应普及生命教育。

生命教育，首先要关注自然的生命，这是生命的长度。人的肉身是生命的物质基础，基础是1，其他是1后面的0。如果我们的教育更多地关注学生的安全与健康，从最基本的教学生学会勤洗手，懂得何时需要戴口罩，懂得禁食野生动物，懂得敬畏自然，懂得敬畏生命，学会紧急避险与自我保护，养成科学饮食、锻炼身体、合理作息的良好习惯，等等，把这些基本的1做好了，生命的物质基础就打牢了。不能等到灾难来了才想起，这些需要应成为我们的行为习惯，成为我们的生活方式，当然，也应该成为我们教育的重要内容。

生命教育，其次要关注社会的生命，这是生命的宽度。我们每个人都生活在社会之中，都要与别人打交道，如何学会心理换位，如何理解、宽容、尊重别人，如何成为受人欢迎、受人尊重的人？这些也都是需要学习的。疫情期间，我们听到了许多一方有难、八方支援，一家有难、众人相助的温暖故事，看到了许多医生护士无私的仁爱之心，这些都应该是我们教育的内容，讲述的榜样。帮助学生懂得感恩，懂得仁爱，懂得尊重，有着良好的社会情感，也是生命教育亟待加强的方面。

生命教育，还要关注精神的生命，这是生命的高度。人是一个符号性动物，人是要有价值观和信仰的，是要过精神生活的。人类那些最伟大的智慧，最伟大的思想，就在那些最伟大的著作之中。通过阅读与经典对话、与大师对话，阅读的高度就会造就我们精神的高度。能不能为了公共利益挺身而出，仗义执言？能不能为了普通百姓得罪权贵，敢于担当？疫情中李文亮医生、钟南山院士……他们身上闪耀的光芒，就是这种精神与信仰的体现。这些内容，在我主持编写的《新生命教育》读本中都有详细的介绍。拓展生命的长宽高，指导学生理解人与自然、人与动物、人与自我、人与社会的生死与共、和谐相处的生命关系，应该成为教育的基础内容。

20年来，我在全国倡导并推动新教育实验。从新教育诞生的第一天开始，我们就强调对生命的关注、关怀。“为了一切的人，为了人的一切”，这个人本主义的立场，在2000年《我的教育理想》出版的时候，我就已经明确提出。从那个时候开始，生命教育就一直是新教育的核心主题。在新教育提出的“研发卓越课程”行动中，我们把生命教育作为整个卓越课程体系的基础。经过多年的酝酿和研究，2015年，在第十五届全国新教育学术年会上，我和研究团队发布了《拓展生命的长宽高》报告，详细阐述了新教育视野下的生命教育——新生命教育的内涵、价值和实施路径。也是在这次年会上，新教育研究院成立了新生命教育研究所，开启了研发课程、编写教材、培训推广的工作。2018年，一套贯穿小学一年级至高中三年级的全部22册、共计144课的《新生命教育》实验用书全部编写完成并正式出版，受到了全国很多学校师生的青睐和好评。

疫情当下，我们欣喜地看到，教育部办公厅、工业和信息化部办公厅联合印发的《关于中小学延期开学期间“停课不停学”有关工作安排的通知》中，明确提出要“注重加强生命教育”。那么，怎样让更多的人了解生命教育、走进生命教育、践行生命教育呢？在新生命教育研究所的策划组织下，在山西教育出版社的全力支持下，我们不仅及时推出了免费的抗“疫”版《新生命教育》电子书，而且由我发起了“大疫面前，勇敢成长——青少年生命教育系列公益课”活动，邀请全国生命教育领域数十位专家、学者、名师，面向青少年开讲生命教育。每节课30分钟左右，围绕“生命”主题，以“过一种幸福完整的教育生活”为核心理念，拓展生命长宽高，引导广大青少年朋友珍爱生命、热爱生活、成就人生。这个系列课引起广泛的社会反响，其中我直播的《拓展生命的长宽高——做最好的自己》，在线听课人数达到了16.7万人；新生命教育研究所执行所长袁卫星直播的《开学第一课：生命教育》被《人民教育》《中国教育报》《中国教师报》《中国德育》等媒体平台纷纷转载。在此基础上，我们汇集了其中10位专家的讲座，编为《生如夏花——生命教育10人谈》。同时，邀请首讲生命教育课的袁卫星老师撰写了《守望春天——生命教育10日谈》，以飨读者。

我写了一本小书《未来学校：重新定义教育》，里面强调未来学校的课程一定是以生命教育为基础的。未来学校，本质上就是教育回到生命的地方，是过一种幸福完整的教育生活的地方。未来学校，在本质上和技术本身是没有关系的。

生命教育，就是让教育回家，就是让每个生命个体成为最好的自己。这条路，让我们一起温暖地走下去。

目录

拓展生命的长宽高

——做最好的自己

作者简介

朱永新

第十三届全国政协常委、副秘书长，中国民主促进会中央委员会副主席，苏州大学教授、博士生导师，新教育实验发起人。叶圣陶研究会副会长，中国教育与社会发展研究院副院长。北京大学、北京师范大学、华东师范大学、同济大学等兼职教授。中国教育三十人论坛和21世纪教育发展研究院共同发起人。

各位青少年朋友，我是你们的大朋友朱永新，也是一位大学老师，和很多人一样，我非常关心我们的教育事业，关心着每位孩子的健康成长。今天非常难得有这个机会，和各位同学聊聊生命。因为我们已经把生命看得如此司空见惯，以至于视而不见、暴殄天物。

越是具有根本性的重要事物，往往越是容易在认知中产生盲区。空气之于人类是不可或缺的，然而只有当漫天雾霾时，人们似乎才意识到空气的存在；就好比这次，当疫情来临时，人们才意识到健康、自由、安全的可贵。

人们对于生命的认知，也是如此。有人调侃，这场疫情，让我们的认识发生了彻底的改变，我们发现最大的竞争力不是学历，也不是能力，而是免疫力！活着才是硬道理。这句话虽然有些夸张，却不无道理，它深刻揭示了生存、生活、生命的重要性。

毫无疑问，生命是大自然最为神奇的创造，每一个生命都是一个奇迹般的存在。

接下来我就围绕生命谈几个最基本的问题。

生命为什么很重要？——生命因独特而弥足珍贵。

世界上没有两片完全相同的树叶，更没有两个完全相同的生命。不同的遗传基因、不同的社会经验、不同的心灵感悟，决定也造就了世界上没有两个完全相同的人。世界犹如花园，美在百花齐放；生命犹如鲜花，美在各美其美。

生命的独特性造就了世界的多样性和丰富性，意味着每个生命的理想归宿便是成长为最好的自己，我们每个人也只能成长为最好的你、我、他，而无法互相取代。生命的独特性也决定了每一个生命都是不可替代的存在，任何一个生命的损失都是无法弥补的遗憾。

让自己的生命成长一点，就是将世界完善一点；让自己的生命延长一点，就是把世界扩展一点。这也正是我们学习成长的价值和意义之所在。

生命如何得到发展？——生命因自主而积极发展。

在这苍茫世界、浩瀚宇宙之中，每一个生命显得那么脆弱、微小，存在的时间是那么短暂。但是，和其他生命不同，人的生命具有强烈的自主性。人的生命发展既受限于外因的影响，同时取决于内因的自我抉择，体现出特有的自觉、自为和创造的特点。《易经》的“生生不息”思想说的就是生命的这种创造性和生成性。

每个人都是自己生命的主人，是自己生命的创造者和塑造者。生命的自主性，决定新生命教育应该帮助每个人学会自我教育，让每个生命成长为自我教育的主人，自主成长；让每个生命在有限的历程中，成为最好的自己。

生命如何体验幸福？——生命因超越而幸福完整。

幸福，是人类永恒的追寻。人只有实现生命的价值，活出生命的精彩，才能感受到幸福。人只有发挥生命的潜能，张扬生命的个性，才能谈得上完整。

当人意识到自我的生命是一种有限性的存在时，人并不安于成为有限存在的奴隶。在美国当代哲学家尼布尔看来，生命的超越性表现在“对自我的改善和对生命有限性的突破”。

能够意识到自身的潜能和使命，从而自觉地赋予自己有限的生命以充实的内涵，突破现实世界的种种束缚与困境，谋求自我生命价值的创造与提升，追寻更高的价值和意义，这就是人努力超越生命的有限存在。

这个不断自我超越的过程中，人创造并享受着当下存在的幸福、不断突破的幸福，在过程中每一个阶段、每一个当下，生命不断走向成熟、成就。

如何理解我们的生命？——拓展生命的长宽高。

我们可以根据肉体的诞生、交往的存在、意识的觉醒这三个生命事实，把生命理解为具有三重维度——自然生命、社会生命和精神生命。

自然生命，就是指我们的寿命活得长一点，可以称之为生命的长度；

社会生命，就是指我们的社会价值大一点，可以称之为生命的宽度；

精神生命，就是指我们的人生境界高一点，可以称之为生命的高度。

三重生命缺一不可。没有了自然生命，社会生命、精神生命就不可能存在。社会生命为自然生命的丰富和精神生命的厚重创造条件。精神生命则能最大限度地突破自然生命、社会生命的局限，是对自然生命、社会生命的最终升华与定格。

我们每个人只有集自然生命之长、社会生命之宽、精神生命之高，三者综合才能够形成一个立体的人。这一生命体，也才是我们认为的完整的人。

我们每个人的成长，就像筑造一座金字塔般，以自然生命之长、社会生命之宽为底座，底座越牢固越庞大，精神生命之高则越可能坚不可摧，直至高耸云霄。

从一个理想的生命状态来说，全面地拓展生命的长度、宽度和高度是最完美的生命结构，但由于生命的偶然性和不确定性，

生命的长度有时是不可控制的。有些生命虽然很短暂，但是由于其生命拥有足够的宽度和高度，他们的生命容量依然很庞大，生命的品质依然很高洁，足以形成一座伟大的丰碑。

在这次疫情中，那些在抗疫战斗中不幸失去生命的白衣天使和逆行者们，活出了生命的宽度和高度，活出了他们的价值人生和生命意义，是我们民族的脊梁！

如何拓展生命的长宽高？

在这一点上，相信每个人都有自己的方式方法，也有自己的成长故事。我结合自己的成长经历，主要强调以下几个方面，和大家一起交流。

一、体育锻炼

这次疫情，有一个人特别受到关注，他就是钟南山院士。在镜头前面，84岁高龄的钟南山身材挺拔而健硕，身体状态丝毫不

逊色于身旁的年轻人。精神矍铄的他，身上充满活力和激情，看上去似乎不到60岁的模样，这都得益于他几十年如一日的坚持锻炼。《人民日报》微博这样评价他："84岁的钟南山，有院士的专业，有战士的勇猛，更有国士的担当。"可见体育锻炼的巨大价值。

其实体育赋予我们的意义还有更多。

1. 体育启智。人是一个整体，伴随着身体的强健，思维也将随之处于最佳状态，潜在的智慧将由此更容易得到开发和提高。《英国运动医学杂志》网站刊登过一篇研究报告，来自英国和美国的研究人员，测量了约5000名11岁儿童的体育锻炼强度。这些孩子在11岁、13岁和16岁时接受了英语、数学和科学能力的测试，其中在11岁时体育锻炼较多的孩子，尤其是女孩，在三个学科中的成绩都较好。

2. 体育养德。运动锻炼中所凸显的"更高、更快、更强"的体育精神，包含着个体竞争、团队合作，通过不断的自我挑战达到最后的自我实现，在运动规则下自然而然形成对公平的追求、对胜利的向往。这种追求与向往必然为培养道德品质打下良好的基础，直接促成行为准则的践行、自律意识的坚持以及自我完善的渴望。

3. 体育强心。人的心理和生理是一个密不可分、相互促进的整体。体育中的各种运动过程可以缓解、宣泄、排遣人们的各种不良情绪，在专注的运动中对人实现潜移默化的精神熏陶，运动中产生的情境容易激发受众主动而积极的情绪反应，促进心理健康。强壮的生理就这样对心理的强大产生积极的影响，体育对促使人的和谐统一发展，产生着极大的推动力。

美国学者韦斯特总结了体育对于心理发展的11条益处。其中包括改善人的情绪，减缓沮丧和焦虑状态，缓解压力，帮助人们融入群体，改变工作与学习的节奏，带给人挑战和成就感，体会到艺术和创造力，提高自信心，提供“体会尖峰时刻的机会”，改变生命的质量等。

二、经典阅读

美国著名诗人惠特曼曾说：“有一个孩子每天向前走去，他最初看见的东西，他就变成了那个东西，那个东西就成了他的一部分。”

我特别想表达两个重要的观点。

第一，童年的秘密远远没有被发现。我越来越觉得人的一生是围绕童年展开的，孩子在童年阶段看到的东西、积累的经验是他进入成人世界最重要的基石。在童年阶段，他看到那些真善美的东西越多，以后他的心灵就充满了真善美，他的世界也就充满了真善美。

第二，阅读的价值远远没有被发现。我们说读书改变人生、改变性格，但阅读的真正价值远远没有被发现，否则我们不会有现在的阅读现状：连续6年的调查显示，整个国民的阅读水准在下降。

关于阅读我有几个观点，这也是我经常强调的：一个人的精神发育史就是他的阅读史；一个民族的精神境界取决于这个民族的阅读水平；一个没有阅读的学校永远不可能有真正的教育；一个书香充盈的城市必然是一个美丽的城市。

这里我主要解释其中的两点。

第一是一个人的精神发育史就是他的阅读史。

躯体的发育更多的跟遗传基因有关，当然也跟人早期的饮食密切相关。那么人的精神的发育同样也需要“食物”，阅读实际上就是精神进食的过程。人的精神成长是和阅读紧密联系在一起的，因为人的智慧和思想，是没有办法完全通过遗传从父母亲那里获得的，每一个个体都要重新开始阅读的过程，没有捷径可走。因此，没有阅读就永远不可能有人的心灵的成长，不可能有人的精神发育。

阅读当然不可能改变人生的长度，但是它可以改变人生的宽度和厚度。它不可能改变人生的物象，但是它可以改变人生的气象，阅读能够在我们超越世俗生活的层面上建立起精神世界。

第二是一个民族的精神境界取决于这个民族的阅读水平。

我经常举犹太人的例子，自诺贝尔奖设立以来，犹太人共拿走了20%的化学奖、25%的物理学奖、27%的生理与医学奖、41%的经济学奖、12%的文学奖，同时还拿到了1/3以上的普利策奖、1/3以上的奥斯卡奖。而犹太人只占世界人口的0.3%。

近百年来，人类历史上出现了三位伟大的犹太人思想家：马克思的唯物史观彻底改变了人类对社会和历史的认识；爱因斯坦的相对论改变了人类对时间、物质、空间的认识；弗洛伊德的精神分析学说改变了人类对自我的认识。

犹太人有个特点，就是阅读能力强，平均阅读量在全世界各个民族里面是最高的，每人每年平均阅读65种书。以犹太人建立的以色列为例，在这个国家人均读书量、图书馆、出版社均居世界第一。而我们中国人每人每年平均阅读5本书，这还包括教辅书、教科书。

疫情期间，武汉方舱医院有位读书的“清流哥”火了，这位“清流哥”39岁，姓付，是一名地地道道的武汉人。生在武汉、长在武汉、学在武汉的“清流哥”，从武汉大学博士毕业后到美国留学深造，从美国毕业后，他没有选择回国就业，而是在美国佛罗里达州立大学教书，研究方向是生物医学。而记者仔细观察发现他读的书是《政治秩序的起源：从前人类时代到法国大革命》。按理说，这本书并不是他的专业书籍，他为什么要读呢？

有网友说：“他看的不只是一本书，他看到的是另一种生活状态，另一种心情，另一个世界……”

有人评论，这让他想起了西汉刘向《说苑》中的那句“书犹药也，善读之可以医愚”，把这句话套用在当下，那便是“书犹药也，多读之可以愈心”。

英国作家毛姆说：“阅读是一座可以随身携带的避难所。”这座避难所，不论你贫穷还是富有，健康还是疾病，都可以拥有。

最近《人民日报》上刊登了这样一段话：“读书是一个人通向世界最好的路，

读书是让你走出迷茫最好也最实用的方法。因为读得越多，就越清楚自己想成为什么样的人，想做成什么样的事，想过怎样的人生。读书，会一点一滴地滋养你、改变你，让你最终获得冲破困难阻碍的力量。”

《产生奇迹的行动哲学——一个日本青年改革者的自述》《管理大师德鲁克》《如何改变世界》《从优秀到卓越》就是对我影响最大的四本书。我想同学们也应该找到影响自己生命最为根本的那几本书。所以我也送给同学们一句话：“改变，从阅读开始。”

结尾，我想给大家介绍一个人，在他的身上，我们能看到生命是可以如此绽放和精彩。

75岁时，他跑去欧洲当背包客。87岁时，他重返大学念书。93岁时，他选择到医院当义工。98岁时，他成为全球最老硕士。105岁时，他报考台湾清华大学博士。为了方便买车票、看病挂号，他开始学电脑、学上网、学英文。一次朋友来找他，无意间聊到“老赵，你都要死了，还学什么电脑啊？”“可是，我现在还活着啊。”两人相视大笑。他就是台湾全民偶像——赵慕鹤。

同学们，生命多么美好，生命多么精彩。最后送给同学们一句话：“做，就对了。”从体育运动开始，从阅读开始，不断拓展自己生命的长宽高，你们一定会成为最好的自己。

敬畏生命，牢记担当

作者简介

袁卫星

中学语文特级教师、正高级教师，深圳市新安中学（集团）第一实验学校校长，新教育研究院新生命教育研究所执行所长，中国陶行知研究会生命教育专业委员会常务理事，曾获全国教育改革创新先锋教师、全国优秀语文教师、全国优秀班主任、江苏省“五四杯”十杰名教师等荣誉称号。

亲爱的朋友，今天这堂课，不是语文课，不是数学课，不是英语课，也不是班会课，是有关生命教育的课。

在我们深圳新安中学第一实验学校的生命教育研究与指导中心的墙上，写着三句话："生命因独特而弥足珍贵，生命因自主而积极发展，生命因超越而幸福完整。"这三句话，实际上是围绕着生命的长宽高来展开的。

今天我们不谈深奥的道理，只讲四个主题：尊重自然，敬畏生命；身在隔离，心向世界；直面人性，审视自我；致敬英雄，牢记担当。

一、尊重自然，敬畏生命

视频《大自然在说话·大自然母亲》以第一人称叙述的方式，告诉我们如果善待大自然，她就是善良的母亲，给予阳光雨露；反之，则可能引来晴天霹雳、灾难危机。法国作家雨果的一句话"大自然是善良的慈母，同时也是冷酷的屠夫"也印证了这个道理。

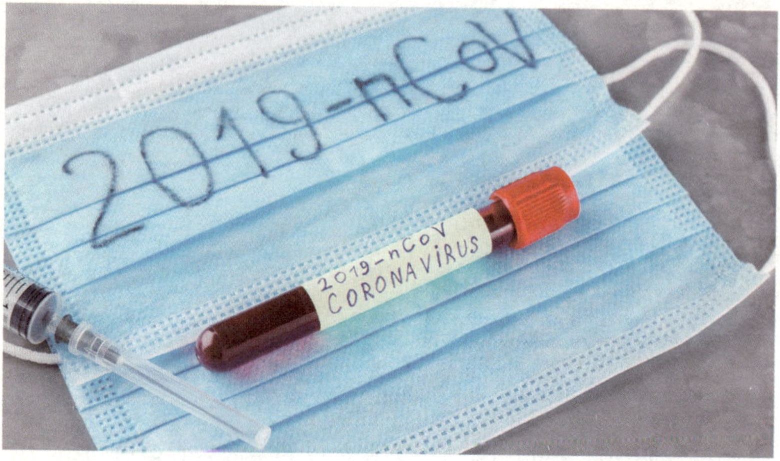

一位现代生态学家说：人类是作为绿色植物的客人生活在地球上的。若把这个说法加以扩展，我们便可以说，人是地球的客人。作为客人，我们应当懂得尊重和感谢主人，做一个有教养的客人。而且，对地球这个特别的主人，我们还要心存敬畏。

2020年1月下旬，国家卫健委专家在接受采访时表示，新冠肺炎病毒不光在感染的人体内可以看到，在武汉华南海鲜市场非法销售野生动物的摊位上，也分离出了病毒。包括“非典”在内，当今半数以上人类新发现的传染病都与野生动物有关，或者说来源于野生动物。因此，有人呼吁修订完善《中华人民共和国野生动物保护法》并严格执行；中央高层也表示，要尽快推动出台生物安全法。

是因为发生了疫情我们才需要保护野生动物吗？除了野生动物，我们怎样对待世界上的其他动物以及植物，包括一切生命呢？这两个问题，值得我们思考。

诺贝尔和平奖获得者，法国医学家、哲学家阿尔贝特·史怀哲提出了敬畏生命的伦理思想。他在文章中讲述过童年的一段难忘的经历，那是一个春天的早晨，他被他的同学拉去打鸟，当弹弓装上小石头并拉紧之后，他却无法瞄准小鸟，因为有一个神秘的来自内心深处的声音告诉他："我面对的是一只活生生的小鸟，它是一条生命，绝不能伤害它！"于是，他扔下弹弓，惊走了鸟儿……

史怀哲敬畏生命的伦理观认为，一切生命，包括动物、植物和那些人看来显得低微的生命都是神圣的。它和我们一样渴求幸福，承受痛苦和畏惧死亡。

史怀哲敬畏生命的伦理观还认为，人的存在不是孤立的，而是依赖于其他生命和整个世界的和谐。人类应该意识到，任何生命都有价值，我们和它们密不可分。

二、身在隔离，心向世界

"想念让我们的世界变得更有温度"是央视节目主持人董卿在《朗读者》开场白里说的一段话。这段话，也许道出了此刻我们每一个人的心声。

因为疫情，你们也许有生以来第一次知道并且体会到了什么叫"隔离"；因为疫情，你们有了一个意料之外漫长并且难熬的假期；因为疫情，你们开始想念你的同学，你的老师，你的课

堂，你的校园……但我想说的是，隔离的是病毒，阻断的是疫情。在社会中，在世界上，每个人都不可能独立存在；每个家庭也都不是一座孤岛。我们仍和世界有着关联。

英国十七世纪玄学派诗人约翰·堂恩曾有这样的诗歌片段：“谁都不是一座岛屿，自成一体；每个人都是那广袤大陆的一部分。”这个片段后来还被美国作家海明威引用了去，印在《丧钟为谁而鸣》的扉页上。

现在，请你踏上通往你外部世界的旅程——

首先，重新感受一下你的家庭。趁着居家隔离的时光，品味一下家的味道，品味一下厨房里妈妈忙碌的身影，品味一下饭桌上爸爸叮嘱的话语，品味一下爷爷奶奶花白的头发，品味一下外公外婆深刻的皱纹。或许你会品味到，家是生命的驿站，也是避风的港湾；家是一份关怀，更是一份责任。

其次，重新思考一下你的学校。在这特殊的时刻，学校把课堂搬到空中，把教室架在网上，你能一如往常地投入学习吗？以此联想一下，如果离开了学校、没有了学校，你还能成为一名自主学习者、终身学习者吗？

再次，重新审视一下你的国家。集中力量办大事，这是我们国家制度和国家治理体系的显著优势。在疫情防控阻击战中，这些显著制度优势正在发挥出空前效应、凝聚起强大的合力，成为我们万众一心、众志成城打赢疫情防控阻击战的信心之源。我们的国家也许还不完美，但是，我们可以通过我们的努力，使她变得更好，不是吗？

最后，重新打量一下我们的世界。在疫情面前，全人类都是“当事人”。在全球共同抗击新冠肺炎的战役中，世界各国携手同行，守望相助，共克时艰。各国科研机构和科学家也结成联盟，与病毒赛跑，争分夺秒地研发有效的药物和疫苗，以挽救更多患者。各国民众除了为疫区和患者提供各种物质帮助之外，还以横幅、信函、视频等为载体，表达对中国人民的支持。在危难时刻同中国站在一起，这是人类命运共同体理念的生动体现和最好诠释。

三、直面人性，审视自我

获得第70届奥斯卡金像奖的著名电影《泰坦尼克号》不仅是一部爱情片，更是一部深刻反映人性的片子。在灾难面前，人性得以暴露和展现无遗。

人性的善与恶说到底就是一种选择。

如今，一场突如其来的疫情打破我们原本平凡幸福的生活：春节不能欢聚，企业不能正常开工，学校不能按时开学；同时也展现出了不同的人性：有人不顾安危，舍小家为大家，最美逆行，毅然奔向抗“疫”最前沿；有人蛮横无礼、拒不配合检查，甚至明知自己患病，却隐瞒病情，传染给别人；还有“天价白菜”“二手口罩”，以及对来自疫区人民的差别对待和歧视……疫情在某种程度上成为一个放大镜，既放大了人性的善良，也放大了人性的阴暗。

有人说，社会是最好的课堂。翻开这本教科书，你能看到什么是以身许国，什么是精致利己；什么是力挽狂澜，什么是推波助澜；什么是舍生取义，什么是见利忘义；什么是逆向而行，什么是尸位素餐。

而我说，面对疫情，人生就像走进了一个超大型的购物广场，正在进行一场关于灵魂、关于人性、关于价值的消费活动。你可以购买诸如生存、健康、幸福、友谊、助人、自尊、自由、自我实现等的基础价值；也可以购买包括良知、豁达与远见、整体感、惊奇、感激、希望、独立与超然、谦恭、爱、儒雅与和善等的精神价值；还可以购买例如谨慎、责任、勇敢、自制、可靠、真诚、诚实、公正、无私等的道德价值；当然，写着和平、正义、宽容、参与、合作、分享、忠诚、坚定、权利、义务等的社会、政治乃至宗教价值也摆在货架上任你挑选……

每一次，我和同学们讲述泰坦尼克号故事的时候，都会用这句话来作结：“你可以不高尚，但是决不可以低劣；你可以不伟大，但是一定可以崇高。”

四、致敬英雄，牢记担当

22年前，一场突如其来的全流域大洪水，席卷了我国多个地区。无数的“抗洪战士”奋不顾身、抢险救灾，用生命抵挡洪水的场景，在当时青涩的歌手祖海心中，刻下了永远难忘的烙印。

22年后的今天，武汉这座城市因疫情而蒙难。来自全国各地的“逆行者”迎难而上、前赴后继，奔赴战“疫”最前线。这样的画面令祖海感慨万千，心中有千言万语想要表达出来。

在最新改编的歌曲《为了谁》（武汉版）中，祖海含泪而歌、为爱而唱，真实的情感、自然的流露，引发了我们的共鸣。而视频画面中“抗疫战士”们的行动、话语更是令人潸然泪下。

22年过去了，一方有难、八方支援的精神还在，医护工作者、人民子弟兵的使命担当依然熠熠生辉。

在这场抗“疫”战争中，医护人员成了“最美逆行者”，成了时代英雄。武汉金银潭医院院长张定宇，身患渐冻症，每天拖着一双不方便的腿脚，带领医护人员“保卫武汉”，连续三十多天奔走在抗“疫”一线。80多岁的钟南山院士，告诉大家不要去疫区，自己却以最快速度上了“战场”。那么多的医生护士写下请战书，“不计报酬，无论生死”……

而另外一些人，他们没有防护服，没有护目镜，仅靠着一只口罩，一张村民和居民熟悉的脸，一颗为民服务的心，奔走在防“疫”工作的第一线，用沙哑的声音、忙碌的背影在疫情防控战场上构筑起了一道道“防疫墙”，用实际行动彰显着基层干部、社区工作者的责任和担当，他们也是真正的英雄。

因为封城，我校初三英语老师师秀兰滞留在湖北亲戚家。为了响应“停课不停教、停课不停学”的号召，她主动承担自己班级即将上线的网络课程，又因为当地实行交通管制无法用车、坐车，她步行了十几千米，想尽办法才买到一台新电脑为接下来的网课做准备。尽管校方和她说过，已经安排好同组老师接替她的教学工作，但这位五十多岁的女教师依然坚持说这是她的分内事。

师老师说的“分内事”，让我想起责任，想起担当。责任就是做分内应该做的事情，是他律，也是自律；担当是敢于承担责任，关键时刻敢挑担子，责任面前不回避，不推诿，不退缩。

也许，并不是所有人都有做英雄的机会，但所有人都应该且必须做一个负责任、有担当的人。

我们每个人都要思考：疫情当下、人生未来，你的责任和担当是什么？

我期待读者诸君用行动做出属于自己的答案！

记住这七位“英勇救疫”的中国人

作者简介

李镇西

成都市武侯实验中学前校长。现任新教育研究院院长，“中国教育三十人论坛”成员，中国陶行知研究会常务理事，中国陶行知研究会苏霍姆林斯基研究专业委员会副主任。出版有《爱心与教育》《听李镇西老师讲课》《给教师的36条建议》《李镇西教育作品》（12卷）《李镇西文集》（8卷）等80余部著作。曾获“全国优秀语文教师”“全国优秀教育工作者”“全国中学语文学术领军人物”等称号。

中国抗击新型冠状病毒疫情的人民战争已经持续了一段时日。在这场与病毒抢夺生命的大搏斗中，同学们大多是待在家里，防止感染。每一个同学保护好自己的生命就是对这场战争的支持，就是为赢得抗“疫”最后的胜利做出贡献。

当我们待在家里的时候，还有许多人冲在第一线，他们的每一分钟都在以自己的生命和病毒进行着殊死的抗争——不幸感染病毒的去世者，以自己的生命延续了别人的生命；更多安然健在的战斗者，用自己的生命挽回更多人的生命。

他们值得我们永远铭记——记住他们疲惫的面容，记住他们逆行的背影，记住他们不朽的精神！

今天，我就给大家讲讲在这次全民抗“疫”中，我们应该记住的几位“英勇救疫”的英雄。对了，这里特别说明一下，“英勇救疫”是我临时杜撰的一个词，特意加了引号。“救疫”的“救”不是“抢救”的意思，疫情怎么能去“抢救”呢？而是“战胜”“扑灭”的意思，就像“救火”的“救”一样。所以，“英勇救疫”的意思是“英勇地战胜疫情”。

我希望大家记住的第一个英雄是谁呢？我先不说他的名字，

但我相信只要我一说他的事迹，同学们立刻就会恍然大悟。17年前，在抗击“非典”的严峻时刻，作为中国工程院院士、我国呼吸病学的顶尖级专家，他说了一句掷地有声的话：“把重症病人都送到我这里来！”那年他已经67岁了，可是一直奋战在前线，为中国最后取得抗击“非典”的胜利立下了卓著功勋！他因此被评为2003年“感动中国十大人物”之一。

当时给他的颁奖词是这样写的：“面对突如其来的SARS疫情，他冷静、无畏，他以医者的妙手仁心挽救生命，以科学家实事求是的态度应对灾难。他说‘在我们这个岗位上，做好防治疾病的工作，就是最大的政治’。这掷地有声的话语，表现出他的人生准则和职业操守。他以令人敬仰的学术勇气、高尚的医德和深入的科学探索精神给予了人们战胜疫情的力量。”

想必同学们可能已经猜出他是谁了，他就是赫赫有名的钟南山院士。

最近，大家可能听说了正流传的这么一句话：“火神山、雷神山、钟南山，三‘山’齐聚克难关！”足见钟南山在老百姓心中的威望。

当新冠肺炎的疫情出现时，许多人还没意识到病毒的凶险程度，他便以自己精深的专业素养第一个告诉大家真相：“新型冠状病毒有人传人的危险，请大家没有特殊情况千万别去武汉！”但是，已经84岁高龄的他，却毅然奔赴武汉，来到疫情最严重也最危险的第一线。在火车上他一边吃着盒饭，一边研究疫情，后来实在太累了，靠在椅子上就睡着了。这幅照片感动了无数人，大家称赞钟南山院士是“逆行者”!

可能有同学还不知道，钟南山年轻时是一名运动健将。1958年8月，在首届全运会的比赛测验中，钟南山以54.2秒的成绩，打破了当时54.6秒400米栏的全国纪录。我想说的是，如今84岁的钟南山依然是一名青春依旧的运动健将，他以自己的专业，更以自己饱满的生命，引领全国人民和新型冠状病毒肺炎赛跑，冲在抗“疫”战斗的最前面!

在他冲锋陷阵的背影上，写满了一种伟大的精神，这种精神叫“科学”“专业”“无畏”和“担当”。

当然，冲锋陷阵的不只是钟南山一个人。除了赫赫有名的钟南山，还有许许多多默默无闻的医护人员，他们同样令我们感动，同样应该被我们记住。

我想给大家讲的第二个人，如果不是这次抗“疫”，我想许多人和我一样都不会知道她的名字：柳帆。

2020年2月14日，59岁的她因感染新冠肺炎医治无效去世。消息传开，无数人为之流泪。其实她既不是著名专家，也不是一线的医生，她是社区卫生服务中心注射室从事护理工作的一名护士。

她之所以让大家感动，是因为明明已经到了退休的年龄，她却主动要求延迟退休。哪怕只是做注射室的护士，她也一丝不苟地对待每一位病人。有人说：“她只是一个打针的护士。”可是，打针的护士是直接接触患者的，与患者是零距离接触，比分诊台的护士风险还高。人的生命是平等的，生命的天平上，她和钟南山一样尊贵！

让人痛惜不已的是，柳帆去世前，她的父母、弟弟也先后因感染新冠肺炎去世。她是怀着怎样的悲痛之情坚持屹立在抗“疫”前线的？亲人去世几天后，柳帆也在防疫战场阵亡，她代表了千千万万奋战在前线的英勇护士，她是当之无愧的抗“疫”英雄！

同事们这样评价她：“柳帆性格随和、爱说爱笑、工作认真，执行医嘱从未出过差错、事故，而且护理技术非常过硬。”

她并没有什么惊天动地的壮举，但社会主义核心价值观中的“爱国”“敬业”“友善”在她的身上得以充分的体现。柳帆的名字同样值得我们永远铭记！

说到这次抗“疫”中的护士，我又想到最近网上不断被刷屏的几首诗，写的就是一线护士的情怀。其中有一首的题目是《请不要打扰》。

请容我脱下防护服和面罩
把我的肉身从铠甲抽离
让我靠一靠身体
让我平静呼吸
唉……
口号……
赞美……
宣传、标兵……
我只是在执行岗位职责

做一个医者良心的拯救
常常，不得已赤膊上阵
生和死来不及选择……

寥寥数语，平静、朴素而又不乏悲壮地描述了护士的心境，她们没有想过要当英雄，“我只是在执行岗位职责，做一个医者良心的拯救”，但她们因此而成为我们心目中的英雄。

同样是这位作者，还写了一首题为《元宵夜》的诗——

武汉金来亚酒店八楼窗外
灯火已点亮城市
大厦轮廓的辉煌
照清了夜的本来面目

寂静。凄清。寒凉。
我知道穿透灯火
更远更深的背后
更多的窗户是黑的
黑如洞穴，如蝙蝠，如吞噬
如藏匿的戴着花冠的毒
我在黑暗里遥望
遥望长江，汉江
遥望黄鹤楼
遥望方舱医院
遥望甘肃河西走廊
遥望上海黄浦江
遥望天堂正在用长勺给彼此喂食的景象
黑暗依然在扩散
但我坚信，一切的美
当元宵节的月亮升起
都将圆满，都将被点亮

这首诗，悲愤中有力量，绝望中有希望。这里的力量，是真实的力量，是正直的力量；这里的希望是坚忍不拔的希望，是驱逐黑暗的希望！

诗的作者叫“弱水吟”，这是笔名。这位作者并不是职业诗人，而是甘肃省山丹县人民医院心理科护士长。自疫情发生以来，今年已经49岁的她和同事们一起，放弃节假日休息、舍弃阖家团圆，一直奋战在本县疫情防控的第一线。

但武汉疫情发生后，作为党支部书记的她主动请战要求奔赴武汉。她在请战书上这样写道：“我作为一名多年党龄的共产党员，心理卫生工作者，现主动请缨支援武汉抗击新冠肺炎临床一线工作，特此请愿。”最后她如愿作为志愿者加入了驰援武汉抗击疫情工作队。

临行前，为了到武汉工作方便，她剪去留了多年的长发。考虑到父母年事已高，儿子刚刚参加工作，直到临走那一刻她也没有告诉他们。

作为一名护士长，她有着资深经验和优秀技术；作为一名共产党员，她有着“不忘初心”的信念；她同时还是甘肃省作协的会员，其作品多次获奖，所以，作为一名作家，她在艰苦抗“疫”的同时，不忘拿起笔抒写战士的情怀，讴歌光明，抨击黑暗。

在武汉告急的时候，她告别亲人，毅然奔赴千里之外的火线；当一些人说假话，传谣言，写下歪曲事实、粉饰太平的文字的时候，她用诗句告诉我们真实的中国。这位“诗人护士”，或者说“护士诗人”，以自己专业的技能和朴素的诗句，展示和抒写了大爱、勇敢、正直的生命。“弱水吟”是她的笔名，让我们记住她的真名：龙巧玲。

接下来我要给大家讲的是一位“90后”医生的故事。

2015年，从湖北科技学院临床医学专业毕业的他，来到武汉市江夏区第一人民医院工作。在这里他收获了自己的爱情，爱上了同院的一位女护士。三年后，在一个特别的日子里，他的女朋友成了他的妻子，这个特别的日子就是他妻子的生日。他说："爱人的出生是天赐的礼物，得好好纪念这个日子。"因此他把妻子的生日作为结婚纪念日。

妻子被丈夫的爱深深打动。结婚一年后，妻子在朋友圈里感慨："能遇见一个互相'嫌弃'对方却不离不弃的人，一直到老，会在记忆里搁浅一辈子吧。"

这么恩爱的一对小夫妻却因为工作繁忙，一直都来不及举办婚礼。其实，如果仅仅是举行一个仪式，也不是挤不出时间，但他不想匆匆忙忙地举办一个草率的婚礼，而是希望等有时间、有精力时，把婚礼准备得完美一些，给心爱的妻子一个大大的

惊喜。

终于，他们决定把婚礼定在2020年正月初八，因为只有春节，才有相对比较充裕的时间，亲朋好友才容易聚集。然而，突如其来的新冠肺炎疫情把一切计划中的安排都打断了。疫情就是命令，作为医生的他和妻子只好推迟婚礼并约定：“疫情不散，婚礼不办。”

他告别了妻子来到了医院。从首例患者确诊到组建隔离病区、参与医疗救治，他在隔离病区守护了近一个月，白班加夜班轮班倒，忙的时候，两天接诊300多位门诊病人！大年三十，同事们提出让他回家休息，陪陪妻子。他也只是简短地通了电话，又穿上了隔离衣，回到防控一线。后来陆续有医生加入进来，压力缓解了，但他还是选择坚守在医院。

就这样，不间断接诊患者、过度劳累、抵抗力下降，最后，他不幸感染了新冠肺炎，还是倒下了。尽管竭力抢救，可他还是在2月20日那天，永远地离开了他的妻子和他妻子腹中未出生的孩子。

他还没来得及使用的结婚纪念照被投射在幕布上，成了告别仪式上的遗照。追思本上，同事们含泪写道："以身为盾，筑起防线！""吃了你的喜糖，却没能参加你的婚礼。"他的办公桌抽屉里，还有他没来得及发出去的请柬……

若是在平时，他就是一个普普通通的医生，但此刻，我实在是无法用语言来描述他的伟大。是的，他就是"伟大"！因为"舍身救疫"，他的生命永远29岁。让我们记住他的名字吧——彭银华。

当然，在这场抗"疫"的人民战争中，牺牲和奉献的不仅仅是医护人员。最近，有一位特别有名的歌星再次被人崇拜，我说"再次被人崇拜"，是因为她是红透中国的大歌星。大家知道她是谁吗？她就是韩红。但这次韩红被人们崇拜，不是因为她的演唱会，而是她的慈善行为。

作为一个很有影响力的著名歌唱家，如果韩红开商业演唱会，她绝对可以成为超级富翁，但自2012年5月9日创建了韩红爱心慈善基金会以后，她便放弃了许多商演的机会，把精力用在了慈善事业上，将辛辛苦苦募集来的资金用于助力中国每一次地震、洪水、疫情等的灾后重建工作上。

就在这次抗"疫"中，她再次伸出了大爱之手，亲自去武汉献爱心。2月14日情人节那天，韩红爱心慈善基金会捐赠的60台救护车风驰电掣地直接开进了雷神山。许多人都不得不感叹韩红爱心救援会的“雷霆救急”。

一直奔波在前线，已经年近半百的韩红，因为亲自驾驶物资运送车的时间长达13个小时，终因劳累过度而倒在了病床上。当她虚弱地躺在病床上的那一刻，歌星韩红黯然褪色，而英雄韩红却光芒四射，她的精神生命更加熠熠生辉。

还必须说明的是，在韩红一心做慈善的时候，有人对她提出了质疑并向有关部门举报。质疑和举报当然是每一个公民的权利，北京市民政局在经过调查后向社会公布了调查结果：肯定了韩红基金会，还韩红本人一个清白（详见《真相来了：不能欺负善良的人》）。

抗“疫”中心怀大爱，而且把这份爱及时送到绝望中的人身边，这也让我们应该重新定义韩红：她不仅仅是歌星，还是爱心的象征与责任的标志。

说到慈善，我又想到另一个人，他不是歌星，但他的不幸遭遇曾震撼全国。

2017年6月22日，杭州一高档小区里，他家的保姆用打火机点燃了客厅里的一本书并引燃了沙发和窗帘。因为赌博输光了钱，保姆想用放火再灭火的方式博得雇主的感激，以此再开口借钱。结果没想到火越烧越大，罪恶的保姆害怕了，从消防通道逃下了楼。近两个小时之后，他的妻子和三个孩子却全部葬身火海。因为正在外地出差，他躲过了这场劫难，但从某种意义上来说，他更为不幸，因为五口之家就只剩下他一个人了。

罪犯一年后被执行了死刑，而永远失去妻儿的他却从此被迫走上了另一条人生轨道。

2017年8月2日，也就是妻儿遇难后的四十多天，他在江西一家寺庙受戒，成为皈依弟子。

人们以为他心中会填满仇恨，可他却用善良温暖这个世界。他失去了自己的孩子，却把这份爱寄托在其他孩子身上，一直尽己所能资助贫困地区的儿童，奔波于各个贫困山区，将获得的赔偿捐赠给贫困小学，还成了贫困村的荣誉村长。

他曾去了大凉山，给大凉山深处的孩子们带了满满一车的物资，后来又出资在泸沽湖旁边建了一所小学。

他说："有时候我在想，有些人总是要在孤独中积蓄力量，熬过一段不为人知的艰难岁月，然后就像火车驶出隧道，温暖和光明一下子扑面而来，你才发现，原来世界可以如此和颜悦色。"

这次来势凶猛的新型冠状病毒肺炎疫情暴发后，全国人民都行动了起来。1月31日，杭州市红十字会发布了一则"捐赠物资接受及支出名单明细"。表中一个熟悉的名字令人眼眶发热，他就是曾经震惊全国的杭州保姆纵火案受害家庭中那位唯一的幸存者。

是的，他于1月28日向杭州市红十字会捐赠5000个口罩，每个单价18元，总金额9万元。

这次他感动的不仅仅是武汉人，还有更多像他那样曾经遭受生活不幸的人。他们在留言中说，从他身上，他们重新燃起了对生活的信心。他们也愿意向他那样，重新认识世界，重新对待生命，也把爱洒向世界的每一个生命。

这位曾经遭遇劫难的不幸者，以自己博大的爱心，将泰戈尔的一句诗改写成：“世界以痛吻我，我要报之以歌。”

让我们记住他的名字：林生斌。

最后我要讲的这个人就太普通不过了，连名字都很普通，他叫汪勇，是武汉一位快递小哥。

2月13日凌晨5点，他在武汉二环外快递仓库的一个高低床上醒来，测完体温后准备出门。他下意识看了看手机日历，才意识到自己已经22天没回家了。

作为一名普通的“80后”快递小哥，从早到晚，送快递、打包、发快递、搬货，日复一日地拼搏，刚刚够得上一家三口开销。这22天他做了些什么呢？

大年三十傍晚，快递公司放假了。他关好仓库返回家中与亲人吃团圆饭。晚上10点，打算哄女儿休息时，突然刷到一单武汉金银潭医院护士的信息，对方写道：“求助，我们这里限行了，没有公交车和地铁，回不了家，走回去要四个小时。”需求是6点钟发布的，一直没人接单。去还是不去？他经过思想斗争，决定去帮助这位除夕之夜不能回家的护士。当他接到护士时，护士愣了，说：“我没想到有人会接这个单。”她感动得哭了，坐在车上，一直默默流泪。

汪勇从这位护士的口中才了解到坚守一线的医护人员的艰难远远超出他的想象。那段时间，金银潭医护人员都是连夜奋战，能睡到床的人最多只有10%，其他人只能在靠椅上勉强打个盹儿；但即使打个盹儿，也会随时被病人的呻吟和对讲机24小时不停的呼叫声吵醒，如此氛围，别说好好休息了，就连精神上稍微放松一会儿都不可能。所以，她们宁肯艰难地在路上走4个小时，也希望能够得到短暂的休息。可是严重的疫情，让各种交通工具几乎都瘫痪了，每天那么多不能回家的医护人员，只能在医院强撑着疲倦的身躯望家兴叹。

本来只是送快递的汪勇，一下感到自己新的责任。第二天，他接送了近30位医护人员往返金银潭医院，要知道他这样做，是冒着被感染的风险啊！一天下来，他累得双腿哆嗦个不停。后来他在网上招募了一个团队，有20多人跟他一起接送医护人员，中间还跑坏了三台车。然后他又联系上了摩拜，在医院、酒店之间定点投放单车，车辆、人员一天到位，解决了2千米左右的出行需求；随着支援武汉的医疗队越来越多，他紧接着又对接滴滴……

在这期间，他没有回家，如果想念妻子和女儿，就只能对着手机视频看一看，说几句话。他后来说：“我不能停下脚步，驰援武汉的医疗队是我们的救命恩人，政府给他们安排得有饭吃、有地儿住，但细枝末节不一定照顾得到，我们可以查漏补缺，尽我所能不亏待他们。”

于是，他又募集到了2.2万元，为倒夜班的医护提供泡面和水。后来有一位护士说，好想吃大米饭，汪勇暗下决心第二天一定让她们吃上白米饭，于是赶紧去联系对接餐馆老板。后来他经过多方努力，解决了医院所有医务人员的午餐。

他的本行是送快递，可医护人员需要一批防护鞋套，整个武汉市都断货，怎么办？后来他在淘宝上发现一个商家有货，但在距离武汉市区55千米的鄂州葛店，因为商家也是一名新冠肺炎确诊患者，发不了快递。汪勇连夜开车去取，带回了2000双防护鞋套。

他说：“我每天不停地做事，不停地解决问题，我不知道自己什么时候停下，但只要医护人员呼唤我，我随时都在。”

截至目前，汪勇和他的伙伴们一共对接了1000名医护人员，接下来还要为3000名驰援武汉的医护人员提供服务。

汪勇有一段话朴实又感人：“人这一辈子碰不到这么大的事情，不管做什么，尽全力做，不后悔。其实想想，我开始做这件事的初衷很简单，一天接送一个医护人员可以为她们节省4个小时，接送100个就是400小时，400个小时，医护人员能救多少人，怎么算我都是赚的。”

汪勇只是一个快递小哥，但他同样在一线为抗击疫情英勇战斗，他以自己的行为告诉我们：只要力所能及地为别人、为社会、为国家做出奉献，一个普通劳动者也可以在平凡岗位成为顶天立地的英雄！

无论是赫赫有名还是默默无闻，无论是国家栋梁还是民间百姓，无论是岁月静好还是人生坎坷，其生命都可以成为一轮照耀世界的太阳；只要有爱心，有担当，任何人都可以以自己的方式成为民族的脊梁！

其实，所谓“英雄”、所谓“脊梁”，只是我们对他们的评价，而他们可能觉得自己做的一切都很平常，“本来就应该这样做嘛”“不必给我们贴这么多高尚的标签”。正因为如此，平凡的他们在我们心目中才显得伟大。

美国前国务卿基辛格曾说：“中国总是被他们最勇敢的人保护得很好。”可以说，这七位就是保护我们的“最勇敢的人”。

让我们永远记住危难时刻“英勇救疫”的他们：钟南山、柳帆、龙巧玲、彭银华、韩红、林生斌、汪勇……

也许有人会说：“抗疫英雄那么多，哪才这七位值得我们记住呢？”完全正确，这次战“疫”中，让我们敬佩的人太多太多：传染病学专家李兰娟、最早的吹哨者之一李文亮、倒在防控疫情一线的村支书黄汉明、舍小家为大家的人民警察陈俊帆等，这个名单可以列得很长很长，但时间有限，我只能先讲这么多。我建议，每一个读者都去搜集一下这次战“疫”中的英雄人物的事迹，讲给身边的人听。

朋友们，病毒终将败退，疫情终将过去，春天必将到来，生命将日渐丰满。若干年后，回想起有一年的寒假待在家里，每天从电视上看惊心动魄又揪心疼痛、可歌可泣的抗“疫”场面，不知不觉中，有些人、有些事、有些精神，已经融入你们的生命，成为你们永远的记忆。

我甚至这样遐想，将来你们也可能会给你们的孩子讲述这些英雄的故事，因为这些故事所蕴含的精神已经成为你们人生的支柱，成为你们生命的一部分，让你们在祖国危难的时候，也不由自主、自然而然成为中华民族一个堂堂正正的大写的人。

疫情当下，如何过好公共生活？

作者简介

冯建军

新生命教育研究所所长，教育部长江学者特聘教授，教育部人文社会科学重点研究基地南京师范大学道德教育研究所所长，南京师范大学教育科学学院副院长、教授、博士生导师。兼任国家教材委“大中小学德育一体化”专家委员会委员，中国教育学会中青年教育理论工作者分会理事长，全国教育基本理论学术委员会副主任委员。

新生命教育的理念是“拓展生命的长宽高”，生命的长度指自然生命。现在的抗“疫”，与新冠肺炎做斗争，就是为了保护自然生命，使我们能够健康地活着，就是拓展生命的长度。生命的宽度是指社会生命，什么是社会生命呢？就是指人的交往圈，人的交往圈子有多大。马克思说过这样一句话：“一个人的发展取决于和他直接或间接进行交往的其他一切人的发展。”我们以前只认识身边的人，你的家人、亲戚、同学、老师、朋友，现在借助网络可以认识很多很多的人，包括从未谋面的我。我们在交往中成就你、我的社会生命。生命在英文中是Life，汉语中也可以翻译成为“生活”，所以，生命与生活是一体的。生活就是生命的活着，是生命的动态存在。一个人死了，没有了生命，也就没有了生活。在这个世界中，我们该过一种什么样的生活呢？记得有句广告词是“我的世界我做主”“我的地盘我做主”。其实，你再想一想，哪个世界，哪块地盘，它只属于你，不属于我，不属于我们？在这个世界上，没有专属于你的世界，只有我们的世界。

为什么没有你的世界，只有我们的世界？听听哲学家们是怎么说的吧。

《荀子·王制》曰："人，力不如牛，走不若马，而牛马为用何也？曰：人能群，彼不能群也。"

亚里士多德说："人是天生的政治动物。"

马克思说："人是名副其实的社会动物，不仅是一种合群的动物，而且是只有在社会中才能独立的动物。"

这说明，群居是人的原始本性，人是群居的动物，是社会性的存在。马克思把人的本质看作"社会关系的总和"。所以，作为人，不论愿意还是不愿意，我们只能在一起生活。因此，我们必须过一种公共生活。

马克思说："凡是有某种关系存在的地方，这种关系都是为我而存在的。"这就是说，任何关系都是为我而发生的，是为了我的利益而存在的。由此，我们可以得出一个结论：利益是一切行动的原动力。

如果按照这样一个前提，我们可以依照逻辑推演出公共生活中人际利益关系的四种类型。利益共益型：双方利益都得到提升；利益共损型：双方利益均受到损害；利益损益型：一方受

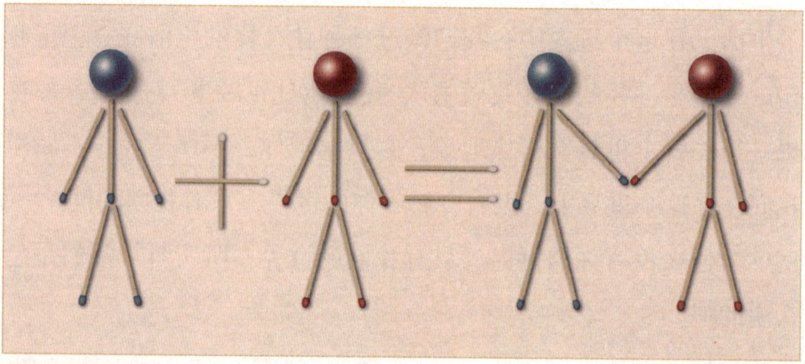

益，另一方受损；利益平益型：一方受益，另一方未受损。

上述四种类型，大家都不愿意过的是“利益共损型”，因为对我们都没有好处。那么其他三种类型呢？我们结合当下正在发生的抗“疫”行为来进行分析。

一、利己不损人（利益平益型）

我们先来了解一位封城前“逃离”武汉的人的故事。对我们来说，可能只是一个故事，但对他们来说，却是惊心动魄的亲身经历。不知如果我们是当事人，是否也会选择逃离？所以大家在看这个故事的时候，可以情景置换一下，假如自己是当事人该怎么办。

据说，当初武汉封城前“逃离”疫情中心的有500万人。这500万人里，有在武汉工作，例行回家过年的外地人；有疫情开始之前，在外旅行的人；有封城前夜，携全家老小驱车离开武汉的人。

本文中的李先生是一名在长沙工作的武汉人，封城之前，他跟妻子都是刚刚赶到武汉，准备接母亲去长沙过年。

他20号晚上抵达武汉的时候，才发现疫情的严重性，朋友圈到处都在谈论这件事情。原定的同学聚会，也因疫情取消了。回到武汉之后，他们没有外出见人，唯一的任务是劝说长期在武汉居住的母亲跟他们回长沙。经过反复劝说，母亲终于答应跟他们一起去长沙过年。

但23号凌晨突然发布的通告，让这趟离汉之旅显然变得紧急起来。通告称，当天10点所有的机场、铁路等离汉通道关闭。在经各方查证了信息的真实性的时候，李先生首先嗅到了事情的严重性，如果今天10点不走，之后就走不了了。这个时刻，他唯一想到的就是把自己的妻子跟母亲带到安全的地方。于是，他赶忙把妻子叫醒，跟她商量目前的形势，两人达成一致：收拾东西，马上就走。母亲原本就不想离开武汉，更别说连夜出发了，但是到了这个关键点上，无论想走与否，他都要强行带母亲离开武汉。

李先生当时不能保证自己或者母亲是否感染，但是能把生命中最重要的两个人带出来，他认为必须要这样做。

离开之前，他跟朋友微信告别，建议大家能走则走。因为没有人知道武汉之后的情况会怎样，对所有人来说，这都是从未经历过的事情。

当天10点左右，李先生一家顺利回到了位于长沙的家。作为从“风暴中心”出走的人，李先生知道回长沙的第一件事就是做好自我隔离。回去之后，他们没有下过楼，吃饭上网都在家里，唯一需要补充的就是新鲜蔬菜。他们选择使用超市购菜软件。在此期间他们的天然气断了5天，为了不跟人发生接触，李先生也没有出去缴费。经过十多天的自我隔离，他们没有任何异常反应，这让李先生松了一口气。

读完这个故事，你怎样看待李先生的行为？封城之后，听说500万人“脱离”了武汉，我们面对“逃离”的武汉人，是怎么的态度呢？

李先生说，即使他已经做好严格的自我隔离，还是阻挡不了周围人的恶意。后来发现，自己隔离在家的时候，有人用鞭炮把他的车炸满炮屑。他很委屈，也很无奈。

我们在网上还看到很多对武汉人不友好的事件。武汉人好像做错了什么，返乡回去过年的都上了“黑名单”，受到特殊对待。整个社会甚至到了“谈鄂色变”的地步。

在这场疫情中，武汉人是受害者，是病毒选择了他们，是他们的不幸。我们只是比较幸运，病毒没有选择我们。但谁也不能预料，下一次灾难会发生在哪里。我们怎么对待别人，别人也会怎么对待我们。

一是对于坚守在武汉的人，我们不只是同情他们，更应该感谢他们。他们没有选择逃离，而是跟武汉一起承担、抵抗、度过这场病毒灾难。是他们承受了灾难，才使我们幸免于难。

二是对于“逃离”武汉的人，我们要以一种平常心看待。李先生的选择，只是一个普通人在面对不确定的危机面前的正常反应。像李先生这样的“逃离者”，回到长沙后自觉隔离，他的行为是利己的，但没有给他人带来损害，不应当受到无礼貌的特殊对待。

三是对于在逃离时已经感染，返乡后又不能自觉隔离的人，他们应受到舆论的谴责和制度的约束。因为他们是损人利己之人，其实，他们也说不上利己。因为对他人的损害，并没有给自己带来利益，而是利益共损。

所以，利己不损人，是我们交往的底线，也是公共生活的最低要求。在这种公共生活中，我们要反对和杜绝个体化的畸形发展，防止蜕变为个人主义。一个人在公共生活中，可以选择维护自己的利益，但不能损害他人的利益。如果人人都选择损害别人的利益，这个社会就会成为英国思想家霍布斯所说的“人对人是豺狼一样”的地方。

二、平等互惠（利益共益型）

第二种公共生活的类型，我想从河南的这次防“疫”说起。河南的防“疫”被网友称为“硬核防疫”，受到了很多人的点赞，上了热搜。

河南人采取了哪些防“疫”的措施呢？

一是措施早。早在2019年12月底，河南就停止了郑州发往武汉的班车。1月21日禁止售卖活禽。1月22日公布130所新型冠状病毒肺炎医疗救治定点医院。1月23日，呼吁武汉返乡人员及时报告村、街道居委会并居家隔离14天。

很多人认为河南硬核防“疫”不仅是时间早，更是手段硬，甚至有点儿狠。

网上到处留传河南各地封路、断路的图片。河南与湖北交界处、县与县的交界处、乡与乡甚至村庄与村庄之间的连接处，路都被挖断或者堵起来，村口也有人专门看守。

比如这几张农村的宣传标语：“武汉回来莫乱跑，传染肺炎不得了”“聚餐就是找死，拜年就是害人”“带病回村，不肖子孙”“今年上门，明年上坟”。

再比如河南某个小村里大喇叭的喊话：“各过各的节，没事别瞎串，少串一次门，也不是人没有了，不急这一天，你别在那儿瞎串门，一人传染一窝，大年初七变成人死头七。”虽然话不中听，但说的也有道理。

有一段视频叫《我姥爷不要我了》。视频中河南的一位小伙，过年时拿着年货去给姥爷拜年，但姥爷隔着门戴着口罩，硬是没给外孙开门，爷俩一个在门内，一个在门外对话。

外孙：“姥爷，你真不让我进门儿啊？”

姥爷：“现在都什么时候了，各家各户都通知了，你来干什么呀？”

外孙还是想看看姥爷，说：“我给你带了吃的东西，你把门打开吧。”

可姥爷依然很执着，告诉外孙，东西放门外，一会儿自己拿，你赶紧走。

外孙很无奈，说：“那你过年咋办啊？”

姥爷直接说：“过年我自己做，你赶紧走吧，说你也不听，赶紧走，赶紧走。”

看姥爷态度坚决，外孙也只好放弃了，临走时，姥爷告诉外孙，让他去楼下等着，有东西给他。

姥爷打开窗，扔下来一个袋子，扔完直接关上了窗户。站在楼下的外孙哭笑不得，捡起来后发现袋子里面是一个红包和一袋口罩，此时心里应该是暖暖的，不过还是很无奈地说了句“我姥爷不要我了”。

再谈一个真实的案例：一对在武汉工作的夫妇，妻子娘家是河南信阳农村的。妻子是护士，因为需要到抗“疫”第一线，孩子没有人照顾，就想着送回信阳娘家。当他们开着私家车下高速后，发现去娘家的路被封了。夫妻两个说明情况，河南那边把守的警察开专车，把他们送到农村老家。孩子交给老人后，他们又坐专车到高速口，返回了武汉。这个事情，既说明河南防“疫”多么硬核，也说明河南防“疫”中温馨的一面。

但河南的硬核防“疫”也饱受争议。我相信，每个人都有自己不同的看法。比如说，我认为语言不文明，还有很多咒人的话，与援华物资上写的“山川异域，风月同天”相距甚远。但也有网友说，河南防“疫”现象的背后反映的是最真实的乡土中国。但不管怎么说，河南的防“疫”效果还是不错的。因为河南是人口大省，又是湖北的邻居。湖北省外的回乡人员中，返回河南的人最多，而且他们多在农村。河南农村的宣传带有农村的特色，无法用城市文明来看待他们，也请大家能够理解。

这次抗“疫”不只是河南，其实各地都采取了断路、封村、封闭小区的做法。从科学防“疫”的角度来看，是没有问题的。但从伦理交往上看，它反映的就是基于各自利益的互利行为。河南挖断与湖北交界的路，因为河南人要保护自己的利益。一个村庄的断路同样如此。每个人都从自己的利益出发，所采取的措施都有利于自己。当然，阻断交通不相往来，也有利于别人。要仔细分析网上传播的农村防“疫”宣传条幅，都是有利于自身的，所以尽量不要出门。

从理论上说，公共生活与私人生活是相对的。家庭生活就是私人生活，夫妻交往、亲子互动都属于私人生活。私人生活是有血缘基础的，因此是带有情感的。公共生活不是私人生活，因为它是开放的，而且交往主体都是平等的，是陌生人之间的交往。所谓陌生人之间的交往，不一定都是不认识、不熟悉，而是不能以熟人的方式进行交往，只能以一个陌生人的方式平等对待所有人。我们刚才讲到的视频《姥爷不要我了》，姥爷把拜年的外孙赶走，就是把私人生活的交往方式变为公共生活的交往方式，因此大家感觉到不习惯，才在网上转发。要是平时，姥爷就属于不近人情了，但在这个特殊时期，大家都能够理解和接受。

典型的公共生活，就是陌生人之间基于利益平等互惠的交往。在这种交往中，有利的事情，做；没有利的事情，不做。写到此处，按照这样的交往原则的话，谁还会到抗“疫”第一线呢？谁还会递交“不计报酬，无关生死”的请战书呢？这就是互利互惠这种交往的问题所在。

公共生活不仅基于利益，而且强调平等交往。但传统中国社会是一个农业社会，它孕育的就是私人道德与私人伦理，对自己的熟人、亲人与对外人是不一样的。著名社会学家费孝通先生用了一个词形容这种现象，叫“差序格局”，即“每一家以自己的地位作为中心，周围画出一个圈子，这个圈子的大小要依着中心势力的厚薄而定”“以自己为中心，像一颗石子投入水中，水的波纹一圈圈推出去，愈推愈远，也愈推愈薄”。因此，私人生活有亲疏远近。公共生活是一种现代生活方式，必须避免交往中的差序格局，做到一视同仁。

三、关爱他人（利益损益型+补偿原则）

第三种情况，我想从南京接待武汉游客的例子说起。

2020年1月23日武汉封城后，一些在国外旅游的游客因为武汉天河机场关闭无法返回，不得不在南京停留。这个时候，“湖北”“武汉”“发热”……这些敏感词无一不在挑动着人们的神经。南京怎么办？“我们要防的是病毒，不是武汉人！”市委、市政府领导态度坚决而明确。

1月26日晚22:46分和23:28分，由泰国曼谷抵宁的FD326航班、SL922航班，分别有旅客179人、152人，其中武汉籍旅客分别有37人、11人，共7人出现发热症状。

300多位隔离旅客入住在栖霞区市委党校。为安排这些“特殊来客”，市委党校专门开辟出一幢可容纳177个房间、354张床的住宿楼。

300多位客人，一日三餐如何安排？市委党校厨房内的10多位大厨忙碌了起来。包子、馒头、鸡蛋、小菜、牛奶、稀饭……准备好的早餐由20多位采取严格防护的工作人员一一送到客人的房间。

“很多地方都拒绝武汉籍及湖北其他地区旅客入住，没想到我们在南京享受到了这样的暖心安排，就像回到了自己的家。”FD326航班乘客马静告诉记者。

“真的要给南京市政府点个赞了！机舱门都没出，直接上来检疫，下飞机五道检疫关卡，大半夜整个机场都是工作人员，他们真的很辛苦。同机武汉人员虽没有确诊，依然整机隔离观察，隔离环境干净有序，每天定点送餐……”有乘客在微博上这样留言。

为了应对后续类似情况的发生，南京市还开辟了专门的“绿色通道”，设立了“爱心车队”和“爱心宾馆”，专门给从南京中转回家的湖北籍旅游团队使用。

第二个例子是湖北的一家三口在南京的故事。有一位湖北随州籍的小伙子，春节期间在安徽的岳母家过年，节后准备开车去浙江某城市上班，结果路遇交通管控，他作为一个湖北籍人士，浙江去不了，安徽也回不去，在高速路上漂了两天，车上还有妻子和2岁的女儿。

2月1日，他们行驶到南京江宁区宁杭高速主线交通卡口，被疫情防控人员拦下查体温，查完体温后他们将车停下来。江宁区交通运输局的疫情防控人员发现异常后上前询问，他才告诉对方，自己已经在高速上漂了两天。南京的工作人员听闻后赶紧为他们递上热水并给他们拿来了苹果、香蕉。

随后，他们被安排住进了南京某酒店，每天都有专人帮他们测体温并记录，一日三餐也很丰盛。怕孩子枯燥，南京的工作人员还送来了图书、电子玩具。小伙子非常感动，从在南京的高速卡口被拦下查体温，到在爱心酒店接受隔离，所有的工作人员并没有因为他是湖北人的身份而被“特殊”对待，觉得南京人特别亲切，特别有爱心。在这里，真的要夸一下大南京，不愧为“博爱之都”。

陌生人之间在平等交往中要尽量实现“利已不损人”的底线

价值和“利人利己”的互惠性价值，利益的交换使公共生活充满着冷漠和无情，甚至容易陷入自我主义的窠臼。在抗击新冠肺炎疫情中，我们可以做到“利己不损人”和“利己利人”的互惠，但面对“不计报酬，无论生死”的医务人员的请战书，那些“舍己为人”甚至“损己利人”的行为方式，更让我们觉得他们的伟大。

1月23日，除夕前一天，原第一军医大学赴小汤山医疗队全体队员向医院党委写下请战书：“我们特此向院党委申请，愿为战胜新‘非典’般的疫情，随时听候调令，我们小汤山全体队员都义无反顾，奔赴一线，做出我们应有的贡献。在此，我们积极请战：若有战，召必回，战必胜！”

奔赴抗“疫”前线，不只是医生的职责，更是一种爱，一种大爱，一种担当。这种爱表现在抗“疫”人的身上，从院士、医生、军人到快递小哥、滴滴司机，无不有所体现。

汪勇，2月24日的新闻联播用三分钟的时间报道了他的事迹。

快递小哥汪勇：聚拢温暖守护英雄

汪勇，是武汉一名普通的快递小哥。疫情暴发后，他牵头建起了医护服务群，从日常的出行、用餐，到修眼镜、买拖鞋，只要医护人员有需要，他们都会想方设法搞定。汪勇和他的志愿者团队将温暖聚拢，守护着冬日里逆行的医务英雄。

上午10点，忙活了小半天的汪勇刚要吃口早餐，就接到了一位护士的电话。

原来她赶着去给方舱医院送药时，不小心刮蹭了一辆电动车。事故不大，但特殊时期找不着能修车的地方，所以求助汪勇。汪勇马上赶到，让护士去送药，他来处理修车的事情。

汪勇说，像这样为医务人员解决生活难题，让他们能安心工作，就是他目前的全部工作。汪勇本来是一名快递小哥，大年三十那天，一条护士下班打不上车的消息让本已放假回家的他坐不住了。第二天，他就住进了公司的仓库，开始志愿接送医务人员上下班。

医务人员走回家要4个小时，这让汪勇特别心疼。他开足马力，第一天就接送了30多位医护人员回家。但他慢慢发现，就算再拼命，每天最多也只能跑300千米左右。他开始在各个微信群里招募志愿者，渐渐地，他们的队伍扩大到二三十人。队员们日夜兼程跑坏了三台车，但大家都觉得，哪怕能为白衣战士多争取十分钟的睡眠都是值得的。

随着越来越多救援队的到来，细心的汪勇发现，医务人员基本生活得到了保障，但像换班吃饭、理发等细致的需求，还一时难以满足，而这正是志愿者发挥作用的地方。2月3日，上海医疗队想要给几位队员简单地过一个集体生日，汪勇听说后，立刻开启了全城搜索模式。

汪勇已建起医护服务群，即便是眼镜片坏了，需要买拖鞋、指甲钳、充电器甚至秋衣秋裤，只要在群里通过接龙喊上一声，很快就会有人出来搞定。汪勇说，自己能量有限，是无数志愿者爱心的汇聚才让他显得“一呼百应”。

我们身边还有很多像汪勇这样的志愿者，他们冒着被感染的危险给医生护士送餐，接送他们上下班。他们不是用生命来赚钱，而是在做他们认为有意义的事情。汪勇说："医生在一线抢救人命，我能干点就干点，这个事情干得很有意义。"

利益的计较，使人与人之间变得冷漠，甚至无情。爱，使人与人之间变得温暖。但在爱的关怀中，会牺牲一方的利益，尽管这种牺牲是奉献者的自愿，但我们不能视为理所当然。一位新冠肺炎康复的大妈去感谢医生时，医生说"这是我们应该做的"。大妈却认为"没有谁是应该的，没有谁应该为了他人舍弃家庭、家人，冒着被感染的生命危险去救治他人"。是的，生命都是平等的，是无价的，没有谁应该为谁而牺牲。所以，面对自我牺牲的大爱，我们需要给他们补偿，甚至是加倍的补偿，这才是我们应有的态度。2月23日，习近平总书记在统筹推进新冠肺炎疫情防控和经济社会发展工作部署会议上的讲话中明确指出，对参加一线战斗的医务人员，要尽快出台关心关爱的政策举措，及时安排免费体检，将来要增加带薪休假时间，并将抗"疫"表现列入职称评定指标之中。我们决不能让英雄流血又流泪的悲剧在我们的生活中发生。

综上所述，本文主要讲了公共生活的三个层次。第一层次：利己不损人，底线要求。第二层次：互利互惠，一般要求；第三层次：关爱他人，倡导要求。

最后，向大家推荐一首歌曲《让世界充满爱》，希望读者诸君以爱人之心过好公共生活。

好习惯成就幸福人生

作者简介

孙云晓

中国青少年研究中心家庭教育首席专家，首都师范大学特聘教授，国务院妇女儿童工作委员会儿童工作智库专家，中国教育学会家庭教育专业委员会常务副理事长。著有《夏令营中的较量》《习惯养成有方法》《9个好习惯成就孩子一生》《遇见文学的少年妙不可言》《好好做父亲》《孩子，你有无限可能》等。

生命教育的目的不仅仅是健康地活着，更是为了让精神充盈和灵动，让人性放射出灿烂的光芒。教育怎么实现这一伟大的目标呢？教育要以培养健康人格为核心目标，而良好习惯的养成是培养健康人格的重要途径，也是幸福人生的根基。

什么是习惯呢？《现代汉语词典》这样解释："习惯就是在长时期里逐渐养成的、一时不容易改变的行为、倾向或社会风尚。"

心理学的解释是："习惯是刺激与反应之间的稳固链接。"

孔老夫子说得很好："少成若天性，习惯如自然。"意思是小的时候养成的习惯会像人的天性一样自然、牢固，甚至变成你的天性，以至于以后所取得的成功、创造的奇迹，很多方面都是在小的时候形成的习惯所支撑的。

从2001年到2010年的10年间，作为中国青少年研究中心研究员和副主任，我一直在主持少年儿童习惯研究课题，即教育部的全国教育科学"十五"规划课题——"少年儿童行为习惯与人格的关系研究"，后来接着做全国教育科学"十一五"规划课题——"少年儿童自我管理习惯培养及其社会适应的关系研究"。我们的研究认为，良好行为习惯的养成对儿童健康人格发展具有积极的促进作用。2019年，我的48集音频节目《9个好习惯成就孩子一生》在喜马拉雅上线，同名书籍由湖南教育出版社出版。

研究与实践表明，良好习惯是儿童能力的重要生长点，儿童自幼养成的某些好习惯往往能转化为某种能力，而某些能力的形成，需要以一些良好的习惯为基础。

教育家叶圣陶对此的论述非常精辟。他说："走路和说话是我们最需要的两种基本能力。这两种能力的形成是因为我们从小习惯了，'成自然'了；无论哪一种能力，要达到习惯成自然的地步，才算我们有了那种能力。如果不达到习惯成自然的程度，只是勉勉强强地做一做，就说明我们还不具有那种能力。""通常说某人能力不强，就是说某人没有养成多少习惯的意思。比如说张三记忆力不强，就是张三缺乏把看见的、听见的一些事物好好记住的习惯；比如说李四表达能力不好，就是说李四缺乏把自己的思想和感情说出来的习惯。因此，养成的习惯越多，那个人的能力就越强。做人做事，需要种种能力，所以最要紧的是养成种种的习惯。"

良好的行为习惯一旦形成就成为人的一种稳定的行为方式，成为人的第二天性，在人的一生中发挥重要的作用。少年儿童如果养成了一系列做人、做事和学习方面的基本良好行为习惯，就会终身受用，成为自身可持续发展的重要力量源泉。这个观点在国际奥委会驻中国的首席代表李红女士的身上得到了有效印证。

李红是国际奥委会的专职官员，她很年轻也很幽默。她常说："我是从小跑着进入国际奥委会的。"

出生于天津的李红，7岁那年开始跟着她爸爸跑步，一跑就跑到高中毕业。天天跑步，12年养成了非常好的运动习惯，身体素质非常好，学习效率很高、学习成绩很好，考上了清华大学。每天下午4点在清华大学操场上跑1万米，是清华校队的主力，后来到美国哈佛等学校读书。

国际奥委会总部设在瑞士，在寻找驻中国的首席代表时遇到了困难，因为这个职位的要求很高：中文要好，英文要好，要熟知中国文化，熟知欧美文化，还得懂工商管理，还得是体育行家。后来有人推荐了李红，奥委会对她非常满意，就任命她为驻中国的首席代表。为什么一个最简单的运动习惯成就了她的一生呢？因为运动是青少年社会化的基本途径，它能够让人养成积极向上、意志顽强、遵守规则、团队合作等优良品质。清华附小概括得精辟：体育是看得见的德育，是最有力量的教育。当然，李红成为国际奥委会驻中国首席代表是很偶然的，但是运动习惯让人受益终身是普遍的规律。

青少年朋友都渴望实现自己的梦想，都渴望幸福的人生。那么，怎么做到良好习惯缔造健康人格呢？

习惯对于人格的培养和优化能起到重要的作用，而习惯的培养也是有着科学的方法和步骤。我们在做教育部的全国教育科学"十五"规划课题——"少年儿童行为习惯与人格的关系研究"时，总结出了习惯培养的六个步骤。

这里介绍一下习惯培养的具体方法和步骤。

一、习惯培养的第一步——激发动机

提高认识或激发动机就是引导孩子对养成某个习惯产生认同、兴趣和信心。

儿童时期最好的教育莫过于养成良好的习惯。所谓的好孩子一定是有好习惯的孩子，所谓有问题的孩子一般都是坏习惯很多的孩子。一个坏习惯可能使人丧失良机，而一个好习惯则可能使人走向成功。

我们先看一个案例：2013年8月22日，《华商报》报道了一名高考考生因为走错考场，坐在别人的座位考试而导致高考语文被记“缺考”，成绩记为零分的新闻。

20岁的小雨是咸阳中学一名复读生。6月7日高考第一天，小雨本应在“文史类第一考场”考试，却因粗心跑到“单招综合类第一考场”，而考场的监考老师在入场检查准考证时也没发现。巧合的是，当天本应坐在该座位的考生“弃考”……这一系列的“失误”直到语文考试结束后才被发现，但为时已晚，小雨答完了一份错误的试卷。受第一场考试影响，小雨其他三科考得也不理想，三科总分才289分。小雨当天考完发现答错试卷后，外公立即带着孩子向考点负责人反映，考点负责老师记录情况后说要向上汇报，让小雨等待处理结果。事发后，招生办也立即停止了三位老师的监考资格，并向市招生办进行了汇报。6月25日，渭城区招生办做出回应称，“该考生语文科考试不按违纪处理，按缺考处理”，这意味着小雨的语文成绩为零分的事实无法改变，她再次与大学失之交臂。

上面这个让人感慨的事情告诫我们，每个人都需要养成认真确认和检查的习惯，否则就会有吃不消的苦头。对于一个学生来说，养成确认的习惯更会终身受益。例如，平时写完作业认真检查，考试的时候仔细审题，与别人有约的事情要牢记在心并提前落实，等等。这样的学生不仅学习成绩会好，为人处世也会受到欢迎。

有人会问，习惯到底是什么呢？习惯就是习以为常的行为，是一种稳定的自动化的行为，是经过反复练习而养成的语言、行为、思维等生活方式，它是人们头脑中所建立起来的一系列的条件反射。

俄罗斯教育家乌申斯基说得更深刻、更形象：好习惯是人在神经系统中存放的资本，这个资本会不断地增长，一个人毕生都可以享用它的利息。而坏习惯是道德上无法偿清的债务，这种债务能以不断增长的利息折磨人，使他最好的创举失败，并把他引到道德破产的地步。

二、习惯培养的第二步——明确行为规范

明确行为规范就是让孩子对养成某个良好习惯的具体标准清清楚楚。

北京市史家小学的一个男孩子上课时很调皮，把任课老师惹生气了，下课后全班同学都埋怨他。这个小男孩很懊恼，就去找他的班主任孙蒲远老师。

孙老师做过30多年的小学班主任，经验丰富，是位特级教师。她听了小男孩的话说:“犯了错就认错还是好孩子嘛。那你准备怎么认错呢?”小男孩说：“我去给老师赔礼道歉，再给老师鞠个躬。”孙老师说：“鞠躬很好，会让对方知道你很有诚意。可是你会鞠躬吗？试一下我看看。”小男孩直挺挺地点了一下头。孙老师摇摇头说：“这不是鞠躬，这只是点头嘛，点头道歉缺乏诚意。”那个男孩愣住了，因为长这么大，他从来不知道鞠躬与点头有什么区别。

这时，孙老师站起来，给小男孩演示怎么鞠躬：挺胸抬头，双手自然下垂，然后上身向下弯曲与地面平行，这才是鞠躬。然后，男孩子虔诚地练习了多次，去给任课老师认错时果然被接受了。

从孙蒲远老师的教育方法中我们可以看出，教育学生不光有耐心，还有细心，因为只有细致入微的指导，才能培养出真正的好习惯。甚至可以说，儿童成长离不开细节的指导。

三、习惯培养的第三步——适时进行榜样教育

中国青少年研究中心的调查发现，榜样的影响力在小学五年级达到高峰，偶像的影响力在初中二年级达到高峰。榜样教育的关键是让孩子对养成某个良好习惯产生亲切而向往的感情，并且获得奋进的动力支持。

天津社科院的关颖研究员曾与儿子难以沟通，但儿子房间里贴了许多篮球明星乔丹的画像，因为乔丹是他心中的偶像。

后来，一向不喜欢篮球的关颖，开始与儿子一起看篮球比赛了，并且收集了许多乔丹的故事，这让儿子对妈妈刮目相看，自然亲近了起来。关颖发现，只要与儿子谈乔丹，儿子就心服口服，因为他对这个偶像有认同感、亲切感。

许多偶像的身上具有榜样的因素，如果善于挖掘这些因素，使偶像逐渐变为榜样，就可能产生良好的教育效果。关颖就是这样做的，她借助乔丹这个榜样的力量，使全家人和谐相处，儿子的发展也越来越好。

少年儿童时代就是榜样和偶像崇拜的时代，因为少年儿童的学习特点就是观察和模仿。当然，少年儿童的榜样和偶像并非都是名人，更多的是他们的伙伴。因此，父母和老师既可以选择孩子喜爱的名人榜样，也可以选择孩子的优秀伙伴，只要发现他们的某些好习惯，都会对孩子产生巨大的影响力。

四、习惯培养的第四步——坚持不懈的行为训练

坚持不懈的行为训练，让孩子由被动到主动再到自动，养成某个良好习惯。

英国伦敦大学的研究发现，养成一个习惯的平均时间为66天。根据我们的研究发现，不同的行为习惯形成的时间也不相同，总之坚持的时间越长，习惯越牢。

2020年春天防控疫情的经历，足以让大家体验到勤洗手和戴口罩的习惯是多么重要。举一个例子，孩子洗手就需要训练，不洗手就不能吃东西，只要是吃东西就必须洗手。在孩子吃饭的时候，要先询问孩子：“洗手了吗？”天长日久，孩子慢慢养成洗手习惯以后，他就不需要提醒了。例如成人早上起来的洗脸刷牙习惯，就不需要提醒了，这就是养成了习惯，就成了稳定的自动化的行为。

孩子的习惯养成有一个由被动到主动再到自动的过程，我们建议父母们采取一个办法，教育孩子要从小就开始养成一些良好的习惯。比如晚上睡觉以前，把衣服叠好，把鞋子放好，都放在一个固定的位置，把自己上学的书包有序地整理好。孩子开始时

不会，父母可以指导，演示一下，然后弄乱了让孩子再做，孩子往往就很有兴趣，像军人一样，被子叠得整整齐齐的。

培养习惯需要持之以恒，但开始的一个月是关键时期。过了这一个月，孩子就能够养成初步的习惯。所以说很多好习惯都需要这么一步一步地训练出来。

五、习惯培养的第五步——及时评估和奖惩

这一步的目的是让孩子在成功的体验中养成良好习惯。

在习惯培养中，存在一个比较突出的问题，那就是习惯如何评价。习惯的评价应该有其特殊性。在研究与实践中，我们发现情境测察、行为观察和人格特质测量是对习惯进行评价的比较好的方法。

情境测察法是当代心理学中使用得比较广泛的一种研究人的行为方式的方法。习惯是一种自动化的行为方式或反应。一旦相同的或类似的情境出现，就会自然地做出同样的动作或表现出同样的行为。因此，我们可以在相似的多种具体情境中，通过观察某人的反应和行为方式，来判断其是否具有某种习惯。

行为观察法是在培养孩子习惯的过程中，对孩子态度的变化、语言描述的变化、情绪反应的变化、动作准确程度的变化、外在控制力量的强弱变化和外在行为的变化等，进行跟踪观察和记录，分析行为变化及其他相关变化的过程就能对习惯是否养成做出评价。

人格特质的测量是从一个侧面揭示孩子行为习惯特点的方

法。该理论认为，人格特质是构成人格的基本结构单元，具有稳定性。人格特质与人的习惯反应有密切联系。现代心理学研究表明，人格特质往往包含一组习惯或者一组习惯系统。因此，通过测量人格特质，也能对人的习惯做出评估。

通过研究表明，家庭和学校在习惯养成的评价上应以情境测察法作为主要的评价方法，因为在某种情境下的个体的行为往往是“自动的”或“自然的”。

有的父母对孩子说：“假期到了，这个假期你要好好把你写字握笔的姿势练好，开学前我要检查。”这种方式提出的要求恐怕不行，孩子经常管不住自己，笼统的要求对他们难以起作用。因此父母要把大计划分割成很多个小计划，并不断地与孩子一起总结评估：今天做得好，可以奖励一颗小星星；7天都得到小星星，就可以换1颗大星星；获3颗大星星，就可以获得更高的奖励。这样，孩子每天都会知道自己是否进步了，并期待着明天的进步。

深圳一所小学在一、二年级培养小学生自己整理书包的习惯，其评估的方法简便有效，就是每天上课铃一响，让学生伸手把书包第一层的书本拿出来，放在课桌上。每节课都坚持这样做，逐层取书放书。显然，小学生要做到准确无误，就必然要每天晚上对着课表整理书包，逐渐养成有序摆放物品的好习惯。

对孩子最有效的奖惩是按照双方约定的规则来执行。当然，规则是父母与孩子一起讨论制订的，是经双方充分认同的。

六、习惯培养的第六步——形成良好的环境

要让家庭环境、学校环境和社区环境成为养成良好习惯的支持力量。2020年春天防控疫情的经历，就是一次难得的演练，尤其是发挥了家庭与社区的作用。

我们培养孩子好习惯时需要注意，一定要形成一个良好的环境，因为环境对人的影响是巨大的。比如家里都不能骂人，孩子如果骂人，全家人都不理他，就是好的环境。

家里有个学生，最好的环境就是这个家庭要成为书香之家。当孩子在学习的时候，父母千万别打麻将。有的父母边哗啦哗啦打麻将边说："儿子，好好学习啊，长大了考北大、考清华。"孩子的考试结果肯定难以如愿。

再比如有些父母老在家里玩手机或看电视，一集接一集的肥皂剧没完没了，看得泪水涟涟。然后对孩子说："孩子，别看电视，你要好好学习，写作业去。"这样的环境同样难以让孩子专心学习。

有个孩子曾经透露过父母看电视时自己的心态：父母看电视我不敢过去，但是我想看，就把门开个缝儿，耳朵竖得尖尖的，用耳朵听电视，结果弄得自己身心疲惫，作业也没写好。所以说人是环境的产物。父母可以选择孩子不在家的时候看电视，而当孩子学习的时候，父母最好把电视机关掉。家庭环境对孩子的影响很重要，如果一个大人都控制不了自己的行为，那么这个家里的孩子更难以抵抗诱惑。

说句心里话，正是因为童年时代养成了阅读、写作和讲演三个习惯，才让我实现了童年的梦想，收获了一个幸福的人生。其实，身为父母没有人不希望培养孩子良好的阅读习惯，问题是具体该怎么做。我们以阅读为例来探讨一下如何创造良好环境来培养好习惯。

请父母们思考以下五个培养阅读习惯的关键环节：

一是以父母的读书习惯影响孩子养成读书习惯。人是环境的产物，父母是最好的榜样，书香之家最有利于培养孩子的读书的习惯。所谓书香之家，就是家里不仅有很多书，并且父母具有读书的习惯。孩子经常看到父母在读书，就会很自然地模仿，怎么可能不喜欢读书呢？

二是坚持家庭读书活动，给孩子固定的读书时间和位置。孩子都是喜欢听故事的，因为儿童的思维方式以形象思维为主，故事对他们最具魔力。如果父母坚持从幼儿阶段就给孩子读故事听，小学阶段坚持与孩子轮流读或者互相讲故事，孩子能不喜欢读书吗？如果固定读书时间，甚至固定舒适的阅读位置，更会有助于阅读习惯的养成。

三是从看影视作品引导孩子读原著。的确，儿童的阅读兴趣和能力都是有差异的。对于那些偏爱看电视或玩网络游戏的孩子，也有很多办法引导。比如，他看了电视连续剧《西游记》，他可能会对原著或相关图书产生兴趣，父母与其一起读效果更佳。

四是给孩子自主选择好书的权利。主动选择的权利非常有利于培养孩子养成阅读习惯，而最简单也最有效的方法，就是经常带孩子逛书店或进图书馆。给孩子适量的钱，让孩子在书海浏览的基础上选择自己最喜欢和最需要的书。注意，儿童阅读兴趣第一，相信孩子会由兴趣入手敲开神奇的知识之门。父母经常与孩子讨论如何理解书的内容，可以有效引导孩子学会选择有价值的好书。

五是把读书与旅行结合起来。有些进入青春期的孩子好动不好静，他们开始对外面的世界充满好奇，而旅行读无字之书就是富有魅力的选择。如果再委以重任，请孩子查阅资料做旅行的设计与安排，特别是参观名胜古迹和名人故居，请孩子做导游，都

可以促进孩子养成阅读的习惯。

完全可以相信，只要做到以上任何一条，孩子就有希望喜欢阅读。如果做到以上两三条，孩子就有希望养成阅读习惯，并且终身受益。

习惯的培养是一门科学。那么习惯培养的原则是什么呢？是要尊重孩子，尊重孩子的主人地位。习惯培养的目标是什么呢？是培养良好习惯来解放孩子的大脑，让孩子从一些低级的、束缚自己的不良行为习惯中解放出来，比如不磨蹭、不撒谎、不欺负人等。要使孩子生活得有情趣、有意义。

21世纪是两代人相互学习、共同成长的世纪，习惯培养的过程也是两代人相互学习、共同成长的过程。有些习惯孩子比大人形成得早，像环保的观念与行为方式，我们就要向孩子学习。父母要和孩子一起成长，而且好的关系胜过许多教育，父母和老师跟孩子的关系越好越有助于孩子良好习惯的形成，这样才有亲和力，亲其师信其道。

教育的核心是培养健康人格，培养健康人格最有效的途径就是从培养行为习惯做起。我们抓住培养行为习惯这个根本，就抓住了家庭教育最有效的一条途径，这就是我们家庭教育最基本的任务。让我们记住这样一句名言：家庭是培养习惯的学校，父母是培养习惯的老师，儿童教育就是培养好习惯，我们通过培养好习惯来缔造孩子的健康人格。这也就是我所理解的生命教育。

笑迎挑战，心理战“疫”

作者简介

李永鑫

教授，博士生导师，河南大学教育科学学院常务副院长，教师教育学院院长。中国心理学会理事，中国心理学会人格心理学专委会副主任，河南省心理学会秘书长，河南省高校心理学专业教指委秘书长，河南省中小学心理健康教育专委会副主任。

大家知道，自2019年12月在武汉陆续发现新型冠状病毒肺炎病例以来，新型冠状病毒在我国多个城市快速蔓延。截至1月29日，我国内地31个省份均已启动突发公共卫生事件一级响应，新冠肺炎成为疫情，成为公共卫生领域的危机事件。2020年1月31日凌晨，世界卫生组织（WHO）宣布新型冠状病毒肺炎疫情构成“国际关注的突发公共卫生事件”。

作为一个重大社会应激事件，新型冠状病毒肺炎疫情不仅会给患者带来身体健康方面的损害，甚至于死亡威胁，还会给社会大众带来各种各样的心理冲击，引发个体层面的紧张、焦虑等负性情绪，甚至于一定程度群体层面的社会恐慌。当武汉封城的消息传出后，有人凌晨3点穿着睡衣睡裤连夜出城。大家可以想一想，凌晨3点穿着睡衣睡裤出城，这说明当事人当时是如何的紧张与恐慌呀！

因此，为了更好地抗击疫情，我们不仅需要组织医疗专家对患者进行救治，对疑似病例进行确诊，还需要引入心理学的力量，引导人们科学应对焦虑、恐慌等不良情绪，培育个体积极乐观的社会心态，凝聚全社会力量，共同战胜疫情。正因为如此，国家卫生健康委员会在2020年1月26日，也就是农历大年初二就下发了《关于印发新型冠状病毒感染的肺炎疫情紧急心理危机干预指导原则的通知》，明确将心理危机干预纳入疫情防控整体部署之中。

响应国家号召，1月26日，我就与我们教育科学学院的王瑶教授一起推出了《应对新型冠状病毒的10条心理学准则》，后来我们觉得“准则”这个词太严肃，就改为“建议”了。同时，我们团队设计了包括66个题目的社会调查表，对全国民众新型冠状病毒肺炎疫情下的“信息获取”“认知与辨别”“预防知识”“身心状况”“非理性倾向”“心理援助需求”和“参与防治意愿”7个方面进行调查。我们的调查对象累计超过5万人。依据河南省样本在第一阶段的调查结果，我们所撰写的《新型冠状病毒肺炎疫情时期河南省社会心态报告》还得到了省委、省政府相关领导的肯定评价。今天，我们交流的重心就是结合我们的调查结果，从个体层面上对我们所提出的10条心理学建议，进行一个较为详细的说明和解读，希望能够对大家在疫情期间的心理调适提供参考。

我们10条建议的第1条就是保持自然的生活节奏和稳定的生活状态。什么是保持自然的生活节奏和稳定的生活状态呢？比如合理的作息时间与正常的饮食习惯等。大家知道，地球围绕太阳进行公转和自转，决定了自然界的四季轮回与昼夜更替。与之相适应，人类在进化的过程中，人体也形成了一些周期性的规律，也就是我们日常所说的生物钟。就我们每个人而言，在长期的学习与工作中，也是基本上依据人体的生物钟形成了相对稳定的生活节奏。比如说，早上几点钟起床，几点钟出门上班，中午是否午休，几点钟下班，晚上几点钟休息。这种规律性的节奏建立的过程，其实也就是在人体与外界之间建立一个动态平衡的过程。

大家不要小看这种平衡，这种平衡对于身体健康和心理健康非常重要。这种平衡一旦被打破，尤其是突如其来的没有任何征兆的打破，往往会给我们的学习与生活带来强烈的不适应。举例来说，我们很多人平时都盼望春节假期的来临，为什么呢？因为我们都希望睡觉睡到自然醒，没事窝在沙发上追追剧、玩玩游戏之类的。刚开始一两天，觉得好像挺舒服。到了第三四天，就会发现，哎呀，不对呀，怎么觉得不对劲呢？再过两天，就开始觉得浑身难受，全身哪里都不舒服。通常，我们会把这种情况称之为“假期病”。

那么，这一次疫情的突然来临，特别是春节假期的延长、大中小学校的延期开学、隔离措施的实施，在相当大的程度上打破了我们常规的生活节奏和生活状态，自然就会引发我们很多的身体和心理上的不适应。怎么办？最好的方法，就是在现有条件之下，尽可能保持自然的生活节奏和稳定的生活状态。为什么在复工复产的政策出台之后，那么多的员工迫切地希望去上班？除经济原因之外，希望通过上班回归常规的生活节奏也是一个重要的内在原因。为什么学校的网络在线课程推出之后，学生的到课率这么高，甚至于还超过平时线下上课的到课率？希望通过上课回归常规的生活节奏也是一个重要的内在动力性原因。

我们10条建议的第2条就是“客观审视，防止吸纳过量或失实信息”。大家都知道，我们现在处于网络时代，网络时代的最典型特征是什么呢？就是信息泛滥。打开电脑、手机和iPad，漫天遍地，都是各种各样的信息，信息发布的速度比我们浏览信息的速度都快。特别是在突如其来的疫情面前，面对未来，大家心里都存在一定程度的不确定感，都希望获得真实可靠的信息，但与此同时，又不知道该从哪里获得信息，该相信从哪个渠道获得的信息。于是，谣言开始盛行，人们的紧张和恐慌情绪就会进一步加剧。

我们的调查结果表明，28.3%的调查对象每天关注病毒和疫情信息的时间超过了1小时。这个结果说明什么？一方面说明社会民众面对突如其来的病毒疫情，充满不确定感，并导致紧张和焦虑，希望获得确切信息来缓解焦虑；另一方面，说明民众陷入信息海洋之中，不知如何选择和分辨信息。大家可以设想一下，按照我们现在的阅读和浏览习惯，1个小时我们可以浏览多少信息，每天都要浏览这么多信息，是不是陷入过量信息之中了。陷入过量信息之后，无从选择和分辨，反过来进一步加重了个体的紧张和焦虑。

上面这个问题的调查结果与我们第二个调查问题有关，就是关于信息获得渠道的问题。我们的调查结果表明，74.4%的民众通过互联网获取关于新型冠状病毒肺炎的相关信息；21.1%的民众选择通过电视获取信息。这一结果表明，网络成为现代人信息获取的主要渠道，但网络上的信息有个特点，就是良莠不齐，真假难辨。而在疫情背景下，民众的心理特点是往往特别容易相信那些小道消息，相信这些都是内部消息，相信这些才是真实准确的消息，特别是当这些消息与电视等主流媒体上的消息不一致时，部分民众就会反复查询，对各种消息进行比较，这就增加了关注病毒和疫情信息的时间了。

与前两条密切相关的就是我们的第三个调查，33.7%的民众认为自己不具备对谣言和实情进行有效甄别的能力。把这三条结果放到一起，大家就会发现，在网络时代，在信息时代，进行“客观审视，防止吸纳过量或失实信息”的必要性了。其实，在我们最近接受的电视、电台采访中，多个媒体也都问到了类似的问题。我的建议有三个方面：一是从主流媒体，也就是官方媒体获得信息。最简单的就是以中央电视台《新闻联播》的信息为准。二是不主动打探消息，我们不是记者，没有采访的任务，没有必要去主动打探。个人渠道打探的结果，往往是越打探，心中越不踏实，越不踏实的结果，就是进一步打探，陷入恶性循环。大家可以设想一下，以我们的一种个人行为，打探信息的渠道有多少，真实性有多高，有这种打探的必要吗？三是不主动传播信息。对于自己获得的一些信息，特别是一些判断不准、难以甄别的信息，到我为止，不主动传播，即使有人问起来，也要谨慎回答，否则的话，一不小心，可能就属于传播谣言的行为了。大家知道，在特定形势之下，传播谣言可能会造成严重后果，那可是要追究法律责任的。因此，我们对于信息的传播，一定要慎重。

我们10条建议的第3条就是“正性思维，积极赋意”。面对病毒和疫情，以及为了应对疫情而采取的一系列管控措施，我们普通民众所想到的会是什么呢？我们的反应会是怎样的呢？通常来说，大多数人都会有抱怨、埋怨和指责等心态。为什么呢？与

我们第1条建议介绍的内容相关，因为常规的生活节奏和生活状态被打乱了，人们在这个思路上经常想到的是我不能外出旅游了，我不能上街购物了，我不能约朋友一起去看电影了，我甚至都不能出小区、不能下楼、不能出门了……大家发现了没有，这里我们想到的都是不能如何，不能如何，这是什么？这就是负性思维。想到的都是否定性的内容，否定性的答案。

那么，我们是否可以换个角度来思考问题，不能出小区、不能下楼、不能出门了之后，我可以干什么？小朋友说，我因为上学而没有完整观看过的动画片，是不是可以趁这个机会看一看呀？年轻人说，上班太忙，原来没有追上的那个电视剧，是不是可以补追一下了？有的男同志讲，我是不是可以把四大名著细细地阅读一遍了？有的女同志讲，我是不是可以琢磨一下西红柿炒鸡蛋的另类做法了？外出务工者或者在外地工作的同志，是不是终于有个机会，好好陪陪家里的老人了？大家发现，我举出来的，都是我们能做什么，可以做什么。这就是正性思维。

我们在讲自己能与不能的时候，暗含的就是一个自我认知、自我评价的问题。言为心声，经常陷入负性思维、语言表达上以“不能”为主的人，心态上多半是消极的，情绪上多半是灰色的；与之相反，经常进行正性思维、语言表达以“能”为主的人，心态上多半是积极的，情绪上多半是彩色的。因此，面对病毒和疫情，建议大家多一些正性思维，化“不能怎么样”为“我能怎么样”，积极赋意，从黑暗中看到光亮，从阴霾中看到希望，坚信病毒和疫情终会散去，春暖花开的日子很快就会到来。

我们10条建议的第4条是“保持居家环境干净整洁，营造温馨和谐家庭氛围”。病毒和疫情期间，我们大多数人都待在哪里呢？基本上都是在家里吧。对于很多上班族而言，已经有很长时间没有像这一次春节一样，一次性在家里待这么长时间了吧。

家是什么？物理学意义上的家，是在某个城市某个小区某幢楼的几间房子，小的是几十平方米，差不多的是百十平方米，大一点的有二百来平方米。从社会学的意义上讲，家是社会的细胞，是在一起生活的具有婚姻或血缘关系的几个人。但从心理学的意义上讲，家更多指的是家庭成员之间的心理上的沟通与联系。很多有关家的经典语句，都表明了家的这种心理学含义，我举几个例子：“家，就是经历世间艰难之后，让心灵停靠的港湾。”“家是风雨中的一间小屋，家是大雪天里的一杯热酒，家是一次次失败后的鼓励。”“家是人们最牵挂的地方，家是爱心的归宿，家是魂牵梦绕的爱巢。”大家还有印象吗？1999年中央电视台春节联欢晚会上，陈红的一首《常回家看看》，唱得多少人心潮澎湃、泪流满面啊。

介绍了这么多关于家的心理学意义，是想说明，在应对疫情时，家庭具有独特的价值和作用。正因为如此，我们在居家期间，要好好地做一些家庭建设工作。首先，就是居家的环境卫生。来一次家庭大扫除，清理卫生死角，特别是厨房和卫生间的卫生一定要重视。从医学防疫的角度来说，这也是非常必要的。其次，可以在卫生通风的基础上，适当布置一点花草的点缀，改变一下房间的布局，变化一下物品的摆放。有时候，居家布置的小小变化，可以给我们带来视觉上的新鲜感和较长时间的心理满足与喜悦。再次，我们可以在营造和谐家庭氛围上多下功夫。这里有一个小建议，就是多开展家庭成员之间的集体活动，在活动中促进了解，加强沟通，彼此欣赏，共同成长。

我们10条建议的第5条是“保持亲人间的联系与沟通，构建情感共同体”。我们第5条建议与第4条是密切相关的。在第4条建议中，我们谈到了家的意义和作用。其实，我们前面谈到的家庭主要是指原生家庭或者说核心家庭，通常是父母与子女在一起生活，拓展一点，就是有爷爷奶奶、姥姥姥爷在一起生活。但围绕这种家庭结构，我们在社会中还产生了一系列的亲戚关系，还有很多的亲人。这些亲人加在一起，就是一个宽泛的、相对松散的大家庭，我们在第4条中讲到的内容应该来说都适用。

与此同时，我们这个大家庭中的很多人并不在一起居住，即使是我们说的核心家庭中的很多成员，由于工作、交通和疫情隔离政策等原因，也未必在一起生活。针对这些未能团聚在一起的亲人，我们强烈建议要保持亲人间的联系与沟通，每天打一个电话，发一个短信，进行视频通话，关心一下健康，问询一下生活，都是非常不错的方式。在心理学中，这些都称之为社会支持。举例来说，一位疑似病例被隔离了，他肯定会觉得紧张、焦虑、孤单，但如果他接到电话，收到短信，与亲人视频聊天，就会感觉到有人在惦记着他，在关心他，在支持他，他的心情和心态就会不一样。再比如说，河南大学淮河医院和第一附属东京医院派了52名医护人员到武汉抗“疫”前线，在沟通中我们了解到，医护人员在前线工作的时候，既要为病人提供医疗救治，也担心自己被感染，同时还要担心家人在家的情况，肯定是有一些紧张和焦虑情绪的，而他们的家属在后方也非常担心他们在前线的安危。我们学院的王瑶教授，也就是与我一起起草10条建议的老师，在给淮河医院相关领导的建议中，就专门提到作为医护人员的后方家属，如何跟一线的工作者保持联系和沟通的问题，并提供了一些小的操作技巧，比如说，正月十五的时候，用微信发些汤圆的图片；视频通话的时候，夫妻、亲子之间说一声“我爱你”……事实证明，这样的一些联系和沟通小技巧是非常有效的。

我们的第6条建议是“避免惰性，坚持运动”。如果我要问大家，放假了，你想干点什么呀？大多数人的答案，估计是好好睡

两天，好好看某一部电影或者电视剧，估计也有一部分人会说要外出旅游。但现在的情况是，只能居家，不能外出旅游了。干什么呢？睡觉、打游戏和看电视剧就成为大多数人的选择了，当然，也有一些人会选择阅读与写作，但有多少人会想到运动呢？其实，运动是非常重要的，运动不仅能增强人的体质，提高免疫力，现代心理学研究表明，科学的运动与锻炼还能调节人的心情。为什么呢？因为运动会促进大脑分泌“内啡肽”，这种“内啡肽”又被通俗地称为快乐素。它的增加能让人体会到愉悦感，具体表现为心情更振奋、更愉快、更有自信心等。

可能有人会说，在家里怎么运动呀？要是有跑步机的话，我可以跑步；有哑铃的话，我可以举哑铃；有瑜伽垫的话，我可以练瑜伽……但这些我家都没有呀！其实，本质上还是一个愿不愿意运动和锻炼的问题，想不想运动和锻炼的问题。我们经常说“只要思想不滑坡，办法总比困难多”。比如说，先在家里搜寻一下，说不定，就能找到落满尘土的哑铃、跳绳、呼啦圈之类的器具。没有哑铃，用装满水的矿泉水瓶就可以代替呀。其次，有很多运动是不要器具的呀，比如俯卧撑、仰卧起坐或者引体向上、站墙角收腹提臀、仰卧收腹举腿等。最近，在一些电视频道上，大家还可以收看到太极拳和八段锦之类的教学视频，跟着学一学，也是很不错的选择。

我们10条建议的第7条是“面对压力，释放情绪”。面对疫情带来的压力，合理释放，把个体的心理创伤、不幸遭遇和所感受到的情绪发泄出来，在一定程度上也可以达到缓解和消除消极情绪的目的。比如说，我们看到一些报道，介绍了感染病毒的重症患者去世后，医护人员失声痛哭的情景。这里的痛哭，就是一种典型的释放。通过释放，可以把很多负性的情绪等内容宣泄出来，否则的话，这些负性的心理垃圾一直堆积在心里，越积越多，就会导致个体的心理负担越来越重。因此，释放情绪的过程，就是一次心灵排毒的过程。所以，在当年的汶川地震后，面对那些地震中幸存的孩子们，有一位著名的心理学家就提出“让孩子们哭出来吧”，讲的也是这个道理。释放负性情绪的方法有很多种，比如说我们前面提到的像做瑜伽、看电视等，都可以达到释放的目的。另外，向亲人倾诉，写感恩日记，找一个安静的地方独处或者冥想，也就是我们日常所说的一个人静一静等，也都是常见的选择。

我们10条建议的第8条是“走出恐慌，恰当求助”。由于新型冠状病毒是一种前所未有的病毒，由于这种病毒的传染性强，传播速度比较快，而且对于其引发的肺炎目前尚没有特效药，所以在疫情暴发的早期，民众的恐慌心理是比较典型的。比如说，在武汉下达封城命令之后，又有30万人逃离武汉，甚至有人视封城命令于不顾，寻找小路逃离武汉。在我们的调查中，24.4%的民众不了解新型冠状病毒肺炎病症与普通感冒的症状区别，30.5%的民众不了解该疾病的研究进展，23%的民众不了解该疾病的致死率。这些不了解，无形之中又会加重民众的恐慌情绪。在对于恐慌情绪的测量中，我们设置了一道投射题：“你觉得周边的人在面对疫情时会感到恐慌吗?”结果表明，89.3%的民众认为在面对疫情时，周边的人或多或少会感到恐慌。那么，我们想问，他觉得周边的人都在恐慌，他自己能独善其身吗？在另一道题目中，我们要求被调查者“用一个词表达自己在疫情期间的心理感受”，结果表明，排在最靠前的词语是“可怕、恐慌、害怕、恐惧、恐怖、紧张、人心惶惶、传播、危险、传染”等。

面对恐慌与焦虑等负性情绪，我们前面介绍的各种方法和策略都是立足于自身来进行调节的。其实，在自身努力之外，恰当地向他人寻求帮助也是一条不错的问题解决途径。我们的调查结果表明，24.3%的民众希望得到心理援助，比较理想的是，69.5%的民众认为自己知晓获得心理援助的途径。具体来说，10.8%的民众想咨询与新型冠状病毒肺炎有关的负性情绪，如：恐慌、焦虑、害怕和恐惧；17.2%的民众想咨询关于担心自己和家人被传染的强迫性思维；2.2%的民众想咨询关于非理性行为和躯体化症状的问题；6.1%的民众想咨询关于被隔离引起的疑虑、恐慌、愤怒、孤独、寂寞、无助等情绪问题。

那么，在有了这些心理援助的需求之后，我们可以向哪些人进行求助呢？这里，我可以向大家推荐几个具体的求助途径：第一个是河南省心理学会、河南省教育厅中小学心理健康专家委员会、中国心理学会临床心理学注册咨询师系统河南督导点与奇才公司联合推出的热线电话；第二个是在河南省心理学会的支持下，河南省心理健康产业有限公司建立的心理热线；第三个是在河南省教育厅的组织下，全省42所高校面向社会开展的网络心理辅导服务；第四个是华中师范大学抗“疫”心理援助热线，这个热线已经公布为教育部和湖北省委宣传部认可的官方咨询热线，具有很高的公信力，全国主要的知名心理咨询专家大都在这个平台上开展咨询或者督导；第五个是郑州的人本心理研究院，他们在疫情期间，免费提供心理健康状况的测试评估，各位自我感觉心理不适的听众，可以在平台上扫码进行自我评估；第六个是河南省心理学会心理测量分会与积极心理学分会所联合开展的网络咨询平台，他们前期的工作很不错，被中国心理学会所认可，现在已经被命名为“中国心理学会河南心理援助精英团”。

我们10条建议的第9条是“打开心灵，关怀他人”。人家知道，病毒来袭，受到伤害的不是张三，不是李四，而是社会大众，是我们每一个人。预防病毒，战胜疫情，也不可能依靠一地一人之力，必须凝聚全社会的力量，共同战胜疫情。俗话说，“赠人玫瑰，手有余香”。我们每一个人，都可以在自身的能力范围内，为疫情防控做出自己力所能及的贡献。当然，我们大多数人不是科学家，我们研制不了控制病毒的药剂，我们不是医护人员，也不能为患者驱走病魔。但这并不意味着我们什么都做不了，其实，我们能够做的事情还很多。

最近，我们在电台、电视台、网络上听到和看到很多志愿者的故事。比如著名歌星韩红在抗“疫”活动中的一些事迹。关于韩红本人及其基金会的很多工作，相信各位最近从不同的渠道都有所了解。我这里想谈一谈江阴市周庄镇的徐美英徐阿婆，她年过七旬，平日里靠捡垃圾为生，年收入约为5000元，却拿着9000元来到村委会，希望村委会帮她捐给武汉。村支书考虑到阿婆不容易，婉拒了，没想到阿婆急得大哭。从这两个例子中，我们可以看到，很多平凡与不平凡的人，都在平凡与不平凡的岗位上为我们打赢这场疫情防控阻击战，默默地努力，默默地付出，这也充分体现了社会主义制度的优越性。

我们的第10条建议就是“疑似病人，合理帮助”。这条是我们在疫情初期提出来的。现在来看，这条建议的表述是可以适当修改的，比如说，改为“积极主动，合理帮助”或者“关注社会需求，提供合理帮助”。

非常时期，社会大众抗击新型冠状病毒肺炎的意愿不仅是社会正能量的体现，更是取得最终胜利的关键。我们的调查结果表明，98.3%的民众愿意在疫情防控期间从事义务工作，99.4%的民众愿意在疫情防控期间为保持社会秩序稳定做出自己的贡献，99.7%的民众愿意积极配合政府的疫情防控工作。

一方有难，八方支援。虽然说大家都愿意帮助他人，但需要注意的是，我们这里提出的是提供合理帮助。如何来理解这个问题呢？这里有两点要特别注意：第一，自助才能助人。我们每个人只有在保护好自己的前提下，才能去考虑帮助他人。举例来说，我们要参加社区排查工作的话，一定要戴好口罩，要勤洗手，要严格遵守社区排查的要求和规范，既要高标准保质量完成工作，又要注意自身安全，避免自己被感染。第二，在力所能及的范围内提供帮助。每个人专业不同，经历不同，岗位不同，能力也有大小之分，不可能像医护人员一样，每个人都到抗“疫”救助的第一线，其实，就是医护人员，也不是每个人都能到第一线参加工作的。虽然我们每个人都愿意为疫情防控做工作，但要结合自身实际，综合考虑健康、经济、地域、交通等条件，开展力所能及的帮扶工作。俗话说，“有钱出钱，有力出力”。作为一个普通人，如果钱不多，能力也不高，那我们做好自己的本分就是在做贡献。

好，各位同学，上面是我们结合调查研究的数据结果，从个人层面提出的一些建议，希望能够对大家有所帮助。最后，我想用这样两句话来结束我们今天的交流。

万众一心，众志成城，打赢疫情防控阻击战；

病毒消散，樱花盛开，我们相约相聚在武汉。

学会和解，达己成人

——生命教育微课

作者简介

卢瑞霞

曲阜师范大学法学院党委副书记。全国第十一届“辅导员年度人物”提名，山东省“辅导员年度人物”获得者；山东省优秀党务工作者；主持山东省社科规划项目等多项科研项目，获得多项省级、校级荣誉；倡导分类教育、精准教育，发起成立“曲阜师范大学 Running girls 工作室”“曲阜师范大学学生生命教育研究中心”，现兼任曲阜师范大学学生生命教育研究中心主任。

今天我们讲和解，是想告诉大家，作为一名社会主义新时代的青少年，作为祖国的一个个“1”，我们可以通过“和解”的智慧，成为推动社会进步、成就自我、成就他人的那一份中国力量！

我将通过三部分来跟大家交流。第一，引语部分：我们比任何时代都需要和解。第二，主体部分：我们与谁和解、怎么和解。第三，结语部分，以“和解”的智慧达己成人。

我们先从自然灾害讲起。自然灾害对人类社会所造成的危害是触目惊心的，比如火山喷发、蝗灾、地震、雪崩……这些意想不到的灾害突然扑向我们，我们的应对显得慌乱无措或者反应迟钝。2008年那场汶川大地震，使得近7万人丧生，这是人类和大自然的冲突。还有战争，让我们数一数，21世纪以来，伊拉克战争、阿富汗战争、利比亚战争、叙利亚内战、乌克兰内战，以及很多军事冲突，这是人与人之间爆发的冲突，这些冲突使得很多人流离失所、无辜丧生。还有微生物世界和人类的冲突，现在我们无法像以往那样迎着朝阳走进明亮的教室，就是因一场突如其来的新型冠状病毒肺炎疫情而停工停学。而此情此景，我们曾经有过相似的经历，那就是2003年的SARS病毒，有人因为感染病毒死亡，有人因为后遗症而一直被病痛折磨。

另外，生活中也免不了孩子与家人间的冲突。可能很多在读这本书的你们，同样也正在经历着这样的冲突：你的作息时间、饮食习惯，甚至娱乐方式都和父母的要求与想法相差甚远，从而造成双方的冲突；再深一些的层次，你的自我管理、自我规划和父母对你的人生设定，也有很大冲突；再进一步说，你自身也要面对很多冲突，比如你要读书成才的渴望与娱乐节目对你的吸引之间造成的矛盾冲突。

城、乡青少年心理健康总体水平（使用SPSS软件分析）

	健康（1—49分）	欠佳（40—59分）	严重（60—90分）	总人数
城市	711(88.10%)	65	31	807
农村	595(87.37%)	55	31	681
总人数	1306	120	62	1488
占总人数的比例	87.77%	8.06%	4.17%	100%

注：该表显示的人数小于有效问卷数量1518人，因为部分同学漏填了另附的“基本信息”。

这张图表是2019年9月肖静、李琴等在全国的9个省（市、自治区）做的一次针对青少年心理健康状况的社会调查。根据这次调查，农村青少年心理健康状况不良的占总数的12.63%，而城市青少年的心理健康水平同样不容乐观，心理健康状况不良的占总数的11.90%。

由此，大家可以看到冲突给整个人类带来的危害，给生命个体带来的伤害，冲突甚至有可能会让我们无法走出困境、裹足不前。那么，冲突是现在才有的吗？当然不是，冲突一直都在，冲突愈演愈烈，但是因为一场疫情，才让我们比任何时候，都需要想办法化解冲突，都需要和解的智慧。

大的方面，恩格斯1843年底在《政治经济学批判大纲》中这样说："我们这个世纪面临着两大变革，即人类同自然的和解及人类本身的和解。"

而随后马克思在《1844年经济学哲学手稿》中给出了这样的解决方案："人类最高级的社会形态共产主义就是实现人和自然界之间、人和人之间矛盾的真正解决。"这是大的方面，冲突的和解。

那么小的方面，作为一个个体，我们能不能尽量地减少成长中的冲突，给自己搭建一个不纠结、不拧巴，身心充实宁静，可以健康快乐地成长，同时又充满不竭动力和强大韧性的成长空间呢？

我觉得我们可以尝试着一起来寻找答案，也希望我的思路能给大家以启发。这也就是今天交流的主体部分。

首先，我们需要以和解的智慧，解决个人与成长环境的冲突。我认为我们需要朝着以下三点努力。

第一，以敬畏之心对待我们的生存环境，对待这个环境里的每一个生灵，以及身为万物灵长的人类自己，让我们的生命得以在一个和谐的环境里成长。

我们常说，手脏了、身体脏了，用水洗；衣服脏了，用水洗；道路脏了、房屋脏了，用水洗。那么，水脏了，用什么洗？作为新时代的青少年，那个小小的“1”，我们可能还没有能力来阻止全世界人们对大自然的破坏，但是，与大自然和解的种子，我们需要早早地种在心里。

华南植物园一名昆虫学博士认为，之所以要保护野生动物，一个看得见的重要原因是：因为这些比人类古老得多的野生动物，它们在自然进化中，与周边的气候、生态环境，通过食物链形成了千丝万缕的共生关系。“好比蜘蛛网，一个物种灭绝了，就会出现一个空洞的点，而以这个点为起点，又会再次引发其他点状的消失……你眼睛看得到的，是一个物种的灭绝；你看不到的，可能就是一片生态系统的崩塌。”

作为人类的一员，我们更应该对同类的生命心存敬畏。古人常说，一将功成万骨枯，战争会带来成就，但那些成就背后是一个个鲜活生命化作的累累白骨。任何一个穷兵黩武的国家、任何一场没有缘由的武力打击，都应该被世人所唾弃，为良知所不允许。

第二，积累智慧，让我们有能力看懂这个社会，可以独立思考，可以做出独立的判断和正确的选择，让我们的生命得以在一个舒缓自得的环境里成长。

前几天发生了这样一件事，日本因为新型冠状病毒肺炎疫情，给湖北武汉捐款捐物，并在包裹上书写留言：山川异域，日月同天；岂曰无衣，与子同裳。很多人在赞赏日本人的同时，立刻敏感地发现，我们中华民族，这个泱泱大国，长达5000年的文明史，竟然给湖北、给武汉的口号只有：湖北加油、武汉加油！湖北不哭、武汉不哭！然后就非常难过地总结道，我们是一个没有文化的民族，是一个不读书的民族，引发了很多人内心对我们这个民族担忧的不良情绪。

但是，此时，如果你有足够的智慧，你会发现这里的问题。比如，人们面对家人遇到重大打击的时候，总是简短有力地表达自己的安慰：一个紧紧的拥抱，说不哭不哭。如果你看到过战争激烈而紧迫的场面，或者在争分夺秒的竞技中，在惊心动魄的时刻，你会发现，最鼓舞人心、最简短有力的就是：加油！必胜！有人考证认为这是榨油作坊里面撞油时几个人喊的号子，撞钟似的一用力，榨出的油就流进接油的容器里了。总之，我们需要有自己的思考，需要积累智慧，这样你就不会被别人的说法带走，不会被不良情绪带走，内心深处的平衡就会很牢固。

再举个例子，小时候，看见闪电，妈妈会把我们揽在怀里，温柔地说："孩子，做好人，就不用怕打雷！"同样一句话，不同的人会有不同的理解，缺乏智慧的人，会片面地认为那是迷信；有智慧的人会会心一笑，妈妈是教我们敬畏雷鸣闪电吗？她是在教我们敬畏自然，同时也在用她的方式告诉我们：不要做坏事，要一直做一个好人。

读书就是积累智慧，有智慧的人，可以对当下的环境进行很好的研判，会培养自己独立思考的能力。智慧的积累，会让人从容淡定，可以自如地应对外部环境的突然改变或者不尽如人意给自己带来的威胁，这也是一种和解的办法。

第三，积极融入，学着把自己放进来，而不是置身事外。你会发现，你所处的社会，甚至整个世界、你的时代，也都是个没有完全成熟的孩子，也许我们还不具备与时代同频共振的能力，但是，我们要有和时代共同成长的认知。

若你只是那个弱小的“1”，也要相信，你是好的，这个时代就是好的，正是因为无数个“1”牵起手来，才组成了这个时代。

积极融入了，我们就会发现，对于旁观者来说，指责是件很容易的事；但是对于身处其中的人来说，更多的是理解和包容，这些理解和包容也是达成我们与外部环境和解的重要道路。

其次，以和解的智慧，解决自身和周围人群以及自我的冲突，我认为我们可以做以下几点尝试。

第一，学会尊重劳动。我们要知道每个人都在被其他的劳动者供养，比如小区的保洁员突然请假了，你就会发现生活环境迅速变糟糕了。尤其是在社会分工越来越精细化的今天，对劳动的尊重会让我们尊重所有付出劳动的人，会让一种平等的理念注入我们内心——因为感知到平等，我们才会变得平和，有了平和的心态，我们会对着别人微笑，别人也会对我们微笑。这会助力我们跟所有产生交集的人达成一种和解。

第二，学会感恩。感恩我们身边的亲人、朋友、师长在我们成长的关键期给予的关爱和帮助。

也许我们的父母过于唠叨，也许我们经历过的老师未必都能把知识讲得入脑入心，也许我们的朋友未必能懂我们全部的喜怒哀乐……但是，他们在用他们的方式为我们做着力所能及的事，这些就够了。没有人有义务一直对我们付出，一直对我们好。

可能有人会说，坏人呢，有过节的人呢？伤害过我们的人呢？是的，我们也要感恩，感谢他们的伤害，这些伤害会给我们带来另一种成长！大家也许看过《康熙王朝》，剧中康熙皇帝在千叟宴上敬酒的时候说，这第三碗酒，他要敬给鳌拜、吴三桂、郑经、葛尔丹，还有朱三太子他们，是他们造就了他，他们逼着他立下了丰功伟业！

学会感恩，将助力我们理解生活的美好和不够完美的爱，助力我们在伤害中变得坚强，助力我们与那些和我们有着密切关联的人和解。

第三，悦纳自己。悦是高兴，纳是接受，也就是我们要高兴地接受自己。

这世上的花草千姿百态，这世上的生灵各有各的生存之道，人也一样。无论我们是胖瘦高矮，活泼还是内敛，我们每个生命都是独一无二的，要学会愉快地接受、感知，让这生命之花最大程度地绽放。

美国动物科学家、畜牧学博士坦普·葛兰汀自幼患有自闭症。她发表了200多篇论文，拥有自己的公司，在全世界范围内参加各种自闭症方面的演讲，鼓舞了许多自闭症家庭。在她传奇曲折的一生中，她始终明白自己和别人是有差别的，但她也始终相信她并不比别人差！

在由她个人经历改编的电影中，当她以患者的身份向其他人讲述自闭症患者拥有的独特感受时，有人这样询问："你是怎么治愈的?"她回答："我没有治愈，我一直都有自闭症。"

是的，坦普依然不完美，正如我们每个人身上或多或少都有这样那样的缺点一样，但她勇敢地与自己和解，接纳自己和别人不一样的事实，最终克服了困难，走进了一扇又一扇的门，成为最好的自己。

第四，尊重知识，尽可能地去摄取知识。打开知识的闸门，我们会对整个世界产生敬畏，因为每一门科学都足以将我们湮没；我们也会由此变得谦逊，因为我们知道：三人行必有我师。

1955年，曾任美国麻省理工学院和加州理工学院教授的钱学森回国，美国海军次长丹尼·金布尔声称：钱学森无论走到哪里，都抵得上5个师的兵力。

航空地球物理研究领域的科学家黄大年，2009年放弃海外高薪回国，为我国"巡天探地潜海"填补多项技术空白。有外国媒体报道："他的回国，让某国当年的航母演习整个舰队后退100海里。"

这次新型冠状病毒肺炎阻击战中，钟南山一句"人可传人"让我们在混沌中惊醒，迅速开始了这场全民抗击疫情行动，知识在关键时刻就是无敌的力量；一个个奔赴一线的医护工作者、建筑工人、军人、科研工作者，纷纷用行动告诉我们，建立自己的专业，才会在关键时刻被需要。

而尽可能多地摄取知识，也是我们进行科学自我规划、实现自我价值的唯一途径。

设想我们跟人生进行一次对话，告诉它，我们想活得开心、有价值、有意义，它一定会笑着跟我们说：你要有一技之长，最不济你也要有安身立命之本，你要懂得自己适合做什么，喜欢做什么，并且能够做下去，而不会被别人轻易取代。

那么，做到这些，就是我们跟人生最好的和解了，尊重知识，尽量多地摄取知识，会助力我们做到这些。

第五，用辩证法来研判事物。

站在整体来研判局部。比如规则意识，以红绿灯为例：如果某个路口突然宣布取消红绿灯了，你会发现，大家会完全按照自己的个性开车，慢性子会变成树懒一样，慢悠悠地通过；急性子会对其他方向的来车不管不顾；行人左顾右盼，最终选择快速通过；而一个被旁边摊位吸引的司机，可能已经来不及刹车……

当站在整体来研判局部的时候，你会突然明白，令你苦恼的学校卫生检查，不过是为了让你养成一个良好的卫生习惯；令你苦恼的学校考勤，不过是想让你在课堂上多学些知识；令你苦恼的父母的绞尽脑汁恩威并施，不过是想让你的人生少吃些苦头，多一些选择的余地。这和你对自己的人生规划原来是完全一致的。

学会看事物的两面。塞翁失马的故事我们都很熟悉。当我们为受挫和重创而哭泣的时候，不如去反思。华为的老总任正非说："我们的水平为什么高？因为我们从每一次的成功或者失败中，都能体悟到更多的东西。"

学会看事物的两面，当我们为某事与他人意见相左或发生争执时，不要盯着别人的那一面，要反过来看看自己这一面是不是也有很多问题。

看事物的两面，我们也可以角色互换。王源曾在一次演唱会上失声痛哭，唱道：这世上从来没有真正的感同身受。王源是谁？他就是那个妥妥的别人家的孩子。从考上顶级音乐学院，到演艺经历，他都是很多青少年的偶像。然而，这场崩溃的哭泣，让我们懂得了针扎不到自己身上，永远感觉不到疼，再优秀的人也会有失意、失落、困惑、难过。

当我们愿意换位思考时，我们才会宽容、慈悲、怜悯，我们才会让心灵变得强大而有韧性。

心理学认为一个人终其一生只是为了成为他自己。我们不妨顺着这个思路回到主题，当我们每一个青少年都能学会和解，以一己之力，让这个世界变得更加美丽和谐，让这个社会减少冲突，心存敬畏，懂得感恩，悦纳自己，尊重知识，可以更理性、更平和，愿意接受生活中、社会里的不完美，并愿意与之一起成长，用自己的力量去成就自我。我相信，在成就自我的同时，我们也就成就了别人，成就了整个世界。

最后，让我们祝福每一朵生命之花，都有自己的春天，都以自己的姿态绽放，都可以装点世界和别人的梦境！我们也把祝福一起送给国家，期待花开疫散，大家可以相聚校园！

利他：美好生命的朝向

作者简介

唐露萍

遵义师范学院教师教育学院教授，北京师范大学教育学博士，德州A&M大学公派留美访问学者，贵州省国家通用语言文字研究会专家委员会委员。

亲爱的青少年朋友们，你们好！

在这里我想先问你们一个问题，如果给你们两个选项，一个是做利己主义者，另一个是做利他主义者，你们会选哪一个？（是利己还是利他呢？）其实，这是我在当学生的时候，老师问我们的一个问题。记得同学们听了这个问题，面面相觑，不知道如何回答才好，因为如果答“利己”，就否认了我们那颗乐于助人的心，可能还会被老师误认为“不爱帮助别人”；如果回答“利他”，显然不是纯粹的真心话，我们也还是会为自己打算的呀。于是处于两难之境的我们，一下子沉默了。

所以，今天，我把这个问题也抛给你们，你们不用急着给我答案，让我们先来了解一下“利己”和“利他”吧。

“利己”，《现代汉语词典》解释为“对自己有利”。而“利他”的解释是“原为佛教用语，指给予他人方便和利益而不图回报，现泛指使他人有利，尊重他人利益”。从字面意思来看，“利己”和“利他”的目标截然相反。那么具体而言呢？

首先，我们来详细了解一下“利己”。利己是只顾自己利益的思想或行为，利己之人，只做与自己的利益相一致的事情。利己者基本的生存方式是功利性活动，活动的目的只是为了自己。

利己者存在于长期的社会发展中，从一些熟语的历史演化可见其端倪。比如“无尖不商”，它原本是一个具有积极意义的词，指的是“商人卖米的时候，除了要将斗装满，还要再多放一些，让斗里的米冒尖儿”。古代卖米以升、斗作量器，银货两讫成交之后，商家会另外加点米在米斗上，将升或者斗堆得尖尖的，以求更多的回头客照顾自己的生意。但是随着利己者的思维模式的出现，这个词演变为“无奸不商”，“jiān”不再是“多给点米，堆得尖尖的”的“尖”，而是“奸诈”的“奸”，用以形容一个商人的奸诈，与原词之意大相径庭，不仅抹灭了原词的积极意义，也误导了经商之人。在这次疫情中，贩卖天价大白菜、假口罩的商家或个人有可能就是受到这种扭曲的经商观念的影响。

还有“人不为（wéi）己，天诛地灭”的演变也是与原意背道而驰。注意我读的是为（wéi），第二声。它的本意是劝人为善，强调对个人修养的强化。它最初出自佛教典籍《佛说十善业道经》第二十四集：“人生为己，天经地义；人不为己，天诛地灭。”意思是说，人的一生就应该注重自身的修养，这才是顺应天意的；如果人不注重自身的修为，就是跟天意作对，会被天地所不容。“为”（wéi）在这里读第二声，是一个动词，意思是“修习”“修炼”，即修为自己的道德品行。“为（wéi）己”指的是修养的目标或方向，是强调通过修养来提升自己的境界，就像苏格拉底强调“认识你自己”一样，是一种自我境界的提升。

但这个句子经过社会演变，成了“人不为（wèi）己，天诛地灭”，“为”（wèi）读成了第四声，变成了表行为对象或目的的介词“为”（wèi），意思完全改变，变成“为了自己”。这也成为很多利己者振振有词的自我袒护：“人活着就要自私自利，处处都应为自己着想，不然天地不容。”这是变相地鼓励大家去谋私利啊！这种因利己思维而产生的演变，不仅影响了人的品格，也影响了整个社会修身养性的传统。所以，一个人即使不是利己者，但受到类似于这些熟语背后的社会文化的影响，也会趋向于关注个人的私利。

那么，“利己”会对我们造成什么影响呢？

当整个人类基本的生存方式成为功利性活动——利己，意味着可以不惜一切手段满足人的利益和需要，甚至以此为指导思想去改造自然，那必然是掠夺和破坏，对人、对自然都是损害。如果把自然与人对立起来，人就会无视自然规律，甚至试图主宰自然、控制自然。大家可能都看到这样的宣传图了，当野生动物流泪了，当大自然流泪了，人类必将受到大自然的报复。恩格斯指出：“不要过分陶醉于我们人类对自然界的胜利，对于每一次这样的胜利，自然界都对我们进行报复。每一次胜利，起初确实取得了我们预期的结果，但是往后和再往后却发生完全不同的、出乎意料的影响。”

当生命个体趋向于功利性活动——利己，意味着为了私利可以不顾及他者的利益。在这次疫情中，把大白菜卖出天价的商家或个人、自以为聪明的刻意隐瞒者……他们当中，没有谁因为利己而得到心安。黑心商贩自有法律法规制裁，刻意隐瞒者被自己延误病情、耽误治疗。除此以外，还有永远伴随他们的道德谴责。

好，现在大家对利己有了一定的了解，接下来，我们再来看看“利他”。

有学者认为，“利他就是为他人着想，让他人舒服，使他人有尊严。利他就是做有利于他人的事，说有利于他人的话，追求他人与自己的平等”。具体而言，利他便是为他人着想，比如尊重他人、理解他人、关爱他人、方便他人、帮扶他人、宽容他人、欣赏他人，以及与人为善又善于合作分享。利他也就是“为他人考虑”，比如去抚平他人的痛苦，减轻他人的困难，消除他人的无望，分享他人的幸福，让他者宽心，让他者成功，让他者强大。这也就是举善念、做善事、说良言，以善待人，以德报人，视人为人，视己为人。这些都是利他的内容。

那么，利他对我们的生活有什么影响呢？接下来，我想讲几个亲历的故事，让我们一起来感受日常生活中的利他。

首先讲的这个故事，来自我的同学微信群。毕业之后，同学们几乎就靠一个微信群维持情谊了。我一直为这个同学群感动着，因为这里有坚持为同学们传送“每日一书”的文建同学；还有笔耕不辍，给予我们奋斗动力的向辉同学，他现在留守在湖北的花桥，没有图书馆，便每天写一篇“花桥观察”；还有总是把记忆中的同学搬上公众号的许易同学，那些熟悉的故事和场景看得我们眼泪哗啦；还有很多同学，平时不言语，一旦有人求助，便开始提建议、说良策……是他们让这个已经“毕业”的班级群充满互助的温情和奋斗的激情，我常常为我们的班级感动着。班级群里的“利他行为”已经渗透到每个人心里，也温暖着我们每个人。

可见，利他最直接的影响是“赠人玫瑰，手有余香”。

大家读过绘本《彩虹色的花》吗？它讲述了一个温婉、美好、动人的故事。故事中，彩虹色的花慷慨地把她的花瓣一片一片地给了有困难的蚂蚁、蜥蜴、小鸟……在她的帮助下，小家伙们心满意足地走了，彩虹色的花也分享着他们的快乐。但是花瓣全无的彩虹色的花折断了身体，被大雪覆盖了。故事还没有结束。这时，大雪中升起了一道耀眼的彩虹色光芒，曾经接受她帮

助的小动物们看着光芒，心里渐渐升起一股暖意，他们想起了彩虹色的花的帮助。而冬去春来的时候，彩虹色的花又回来了！看完这个绘本的时候，我竟然热泪盈眶，无论我们年龄几何，生命、阳光和爱，这些美好的事物总是让我们感动。这一次疫情，相信我们看到了很多“彩虹色的花”，就像所有帮助过你我的人一样，他们永远用彩虹色的光芒照耀着你我。

在这次疫情中，还有很多普通的工人、士兵、医护人员、警察、志愿者、公务员以及千千万万的民众坚定地站在抗击疫情第一线，他们构成的阻击疫情的铜墙铁壁正是利他情怀的真实写照。我相信，当所有人都做出“利他”的选择，那我们的这场抗“疫”之战必胜！

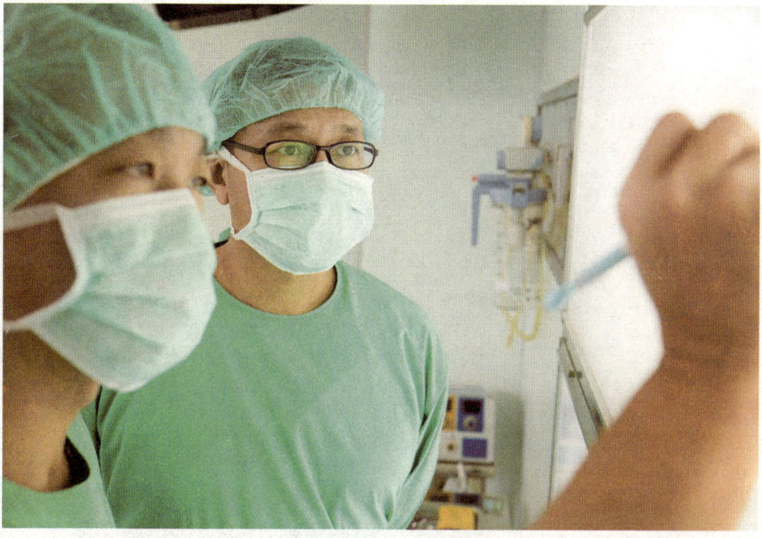

现在，我们对利己和利他都有了一定的了解，那么，你们做

好这道选择题了吗？你们选择了“利己”还是“利他”呢？

你们想不想知道，当时在课堂上的我们是怎么选择的呢？

当我们处于两难之境而沉默不语的时候，我们的老师开始在黑板上画起图来。他用三个小圆代替三个人，用箭头代替帮助的过程。他一边画一边说：“如果是利己主义者，那么，他们每个人都只能得到一个人的帮助，即他们只能得到自己的帮助；如果是利他主义者，那么这三个人中的每个人都将得到两个人的帮助。”

说完，老师问我们，你们现在确定自己的选择了吗？我们全班同学齐刷刷地说：“我们是利他主义者！”王老师举的例子为我们引以为豪的选择找到了通路，为我们明确了利己源于利他的方向。利他，才是真正的利己。那一刻，我突然觉得自己的生命变得美好起来，脑子里响起童年时代的一首歌，有几句歌词反复在我脑海中唱道：“请让我来帮助你，就像帮助我自己，请让我去关心你，就像关心我们自己，这世界会变得更美丽。”

这一课我一直难忘。而最难忘的是，利他才是真正意义的利己。所以，如果你选择了利己，你可以在我们接下来的讲述中用利他的方式来利己；如果你选择了利他，那么也可以在我们接下来的讲述中了解怎样做一个有利他情怀的人。

第一，要善于感受利他之乐。（利他之乐：利己之源）

我在国外访学的第一天，去学院报到，因为不熟悉路，校园太大，迷路了，便向一个对面走来的大学生问路。他一边跟我说一边给我指着前方，我依然一头雾水，他停下来，看了下手表，说："去那里需要10分钟，我正好有10分钟，我送你过去吧！"我看着他调转方向与我同行便说："那你这来回不是要花20分钟吗？会不会耽搁你？"他说："没事。"就这样，我准时到达指定地点，感动得不停地对他说"谢谢"。他却微笑着说："帮助你我很快乐。"说完便离开了。他的名字我不知道，但是他的笑容，一直留在我心里，而"帮助你我很快乐"这句话，也深深镌刻在我的记忆里。后来我才发现，在那里，有太多这样的利他者，他们都喜欢说"帮助你我很快乐"。是的，"利他"不是为了"利己"，但是利他的最终，正是利己，因为助人，我们会获得精神上的喜悦，我们一旦为他者着想，我们便能变得更善良，世界便会变得更美好。

第二，以自律成全利他。（利他之律：利己之源）

"利他"作为生命朝向，最终目标是助人，也是助己。在某个电梯入口，我观察到，所有人进入电梯前会自动站在电梯门的两侧，形成两个队列，等电梯开门时，出电梯的人就可以从中间出来，这有点像地铁站的上车口，总是有箭头指出上车乘客的排队位置和下车乘客的中间位置。这种明显的箭头，指引我们遵守文明。而那个电梯口，没有任何标识，为了出电梯的人考虑，人们自动站到了两侧。这种发自内心的为着他者的考虑，让我感动不已。这时，我们会发现，自律其实也是一种利他。我们站在电梯外的两侧，正是为了方便从中间走出来的你我。"利他"所"利"的，其实不是"他者"，正是"你我"。

当"利他"成为我们的行为习惯、生活习惯，我们待人处事

便能站在他者的立场去考虑，凡事便会为他者着想，这不仅可以让自己的生活变得美好，也会让我们生活的环境变得美好。

第三，以关怀成就“利他”。

在访学的那所大学中，我注意到每个楼层的饮水处或垃圾箱的旁边，都安装了自动感应洗手液机，扔掉垃圾马上可以洗手，喝水前也可以立即洗手。因为它是自动感应的，手不用接触，所以就避免了交叉感染，安全卫生。这种人性化的公共卫生安全设施，让我再次感动不已。我猜测，这是有利他情怀的设计者或安装者所做的，这细致入微的设计，如果没有充分为着他者着想的情怀，估计是想不出来的。“利他”的情怀让我们的生活更安全、舒适。

亲爱的青少年朋友们，你们可能就是未来公共环境的设计者，也可能是攻克病毒的研究者，当然还有可能是其他各行各业

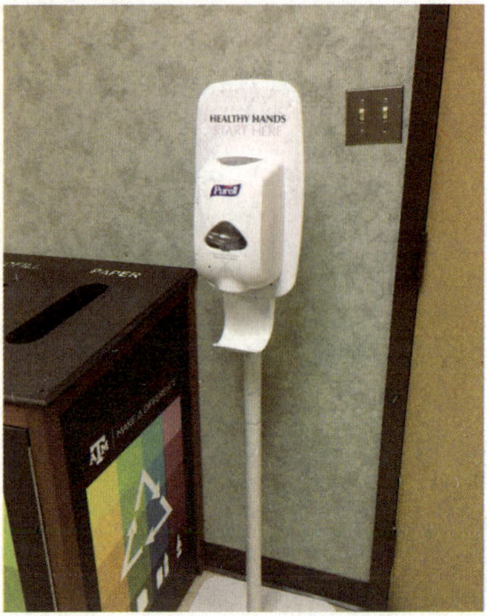

的前行者，希望未来的你们，都能有一份利他情怀，那样，你们的生命将会因为利他而变得更加美好，因为你们让更多的人生活在美好中。

第四，以生命的重识实现“利他”。

重识，是重新的认识。在疫情之前，我们或许只认识绚烂的、光彩夺目的生命，我们也许只看到充满生机与活力的生命。这一次疫情，让我们更加全面地了解生命。这就要求我们做到三点，即正确认识生命、促进生命意识的觉醒、追寻生命的意义。

首先，正确认识生命，主要包括知晓生命的过去、现在和未来，了解生命的自然性，认识到人与自然是生命共同体。

正确认识生命，需要有利他的善良，在面对任何生命体，包括野生动物，包括身边的每一个人，我们要怀有恻隐之心，不伤害他们的同时，也不伤害自己。

记得在电影《少年的你》中，警察说，在校园里“他们把一个男生活活打死了，审讯的时候，没有一个人知道人可以这样被打死”。生命知识的残缺、生命意识的淡薄，让我们警醒。

其次，促进生命意识的觉醒。生命意识是对生存和生存价值的体认与感悟。认识到生命的珍贵性，珍惜自己、关怀别人，进而形成敬畏生命、尊重生命、珍惜生命的情怀。

让生命意识觉醒，也需要利他的思维方式。比如现在的我们，自律少外出、自律遵守公共卫生、客观理性对待潮涌般的信息等，既是为他者考虑，也是保护自己的生命安全，也是保证自己的心理健康。

最后，我们要追寻生命的意义。赫舍尔在《人是谁》中写道："人的存在从来就不是纯粹的存在，它总是牵涉意义。"我们的生命存活在这个世界，自然具有它的意义和价值，意义感会提升生命的境界，使生命成为永恒的存在。

是的，追寻生命的意义，需要利他的行动。在这一点上，无论是当下抗"疫"者，还是任何时期为生命搏击的奋斗者、努力生活的前行者，都用利他的行为做出了最好的诠释。现在大家在家认真学习，用生命的耐受力习惯着新的生活方式，同样也是做出了利他的选择。还有在偏远山区忍受严寒寻找网络上网课的老师、不畏艰难险阻穿梭在山间雪地为他们搭建学习桥梁的空中网络的工人师傅……他们的生命，因为利他而意义永恒。

利他所为着的，不是他者，正是你我。为了我们的生命，为了我们生命存在的这个世界，我们必须利他，只有充分地站在利他的角度，我们才能自救。

如果每个人都为他者考虑，我们将战胜灾难；如果每个人都会为他者考虑，便不再有伤害、不再有杀戮。我们将会关注生命——所有生命，包括我们自己的生命，因为关注人与自己、人与他人、人与环境、人与宇宙，早已成为关注生命不可分割的内容。我们共为生命，在这个世界上，我们从来不曾孤立存在，我们与每一个生命密切关联。学会“利他”，便是成全美好生命。

亲爱的青少年朋友们，现在，你们确定自己的选择了吗?

我想，答案早已在你们心中。

因为疫情，我们对“利己”和“利他”有了更多的了解。疫情时期，“利他”成为绝大多数人坚定的选择。等到疫情消散，在平常的日子里，希望“利他”依然是我们始终如一的精神选项，是我们朝向美好生命的方向。愿“利他”带给我们的美好在任何一个时期，都能一如既往。

最后，请告诉自己，为了他者，我们一定要健康；为了他者，我们一定要善良。愿我们善待生命，感恩生命，珍惜生命。

再一次祝福你我：生命中的他者。

愤悱：让学习真正发生

作者简介

王定功

河南大学生命教育研究中心主任、教授、德育学博士生导师。兼任中国陶行知研究会生命教育专业委员会常务理事、河南省教育人才学会副会长、开封市教育学会副会长、新教育研究院新生命教育研究所副所长。

今天，很高兴能和大家交流这么一个话题——愤悱：让学习真正发生。

疫情终将过去。钟南山院士一点头，咱们很快就可以相聚在书声琅琅的校园里了，大家再坚持一下。有同学说，老师，其实宅在家里也挺好的，因为我不太喜欢学习。那咱们现在就聊聊学习是怎样发生的，有没有可能让咱们深深地爱上学习，好不好？

根据我牵头的“基于生命课堂构建的中小学学生学习力唤醒研究”，项目组认为：学生的有效学习必须有一个前提，那就是咱们要处在愤悱的状态。平时咱们常提及或听到启发式教学，其实愤悱比启发更重要，但对于愤悱，咱们常常无视、忽视或“弱视”，甚至于有的师生压根儿就没听说过“愤悱”这个词。咱们今天把它“拎”出来，看这愤悱对于咱们学生的学习到底意味着什么，怎样利用它来促进咱们的学习。至于教师如何利用愤悱开展教学，如何对学生的学习进行干预和支持，这些问题以后再加以讨论。此刻，咱们都是学生，从学生的视角看过去，研究一下能否与愤悱做个“好朋友”，让它帮助咱们更好地学习。

一、“愤悱”是什么

同学们，我国古代有一部非常有名的文化典籍叫《论语》，里面记载有孔子的教诲。其中，“愤悱”一词就因孔子的话不胫而走、影响深远。

子曰：不愤不启，不悱不发。

（一）“史说”愤悱

我常常感觉孔子不但可敬，也十分可爱。朱永新老师研究和讲述新教育、新生命教育，咱们敬他、爱他；现在大家请细想，孔子不也是这样一位“生命教育老师”吗？而且也是一位可敬的“班主任”、可爱的老夫子。

我是一名“小”老师，孔子是一名“大”老师。从一个教师的角度去观察另一个教师，孔子“于我心有戚戚焉”的事情很多很多。首先我关注他两点：第一，他公开收取学费，养家糊口。这是他的“生存哲学”。不假清高，不矫情，不掩饰，不装。当然孔门收费标准因人而异，整体不是很高，普惠制。一束风干的腊肉呈于老师左右——“老师好！”“同学们好！”“坐下！”孔门就这么开课了。第二，他“知之为知之，不知为不知”，不吹嘘什么“没有教不好的学生，只有不会教的老师”，他清醒地认识到学生的有效学习必须有一些先决条件。你若不能举一反三，完全不在“愤悱”状态，对不起，那你就先停一停，等时机成熟我再教你吧。否则那不是揠苗助长吗？这是他的“生命教育”。

有了这两点，孔子就足以令咱们敬爱——他真实，他亲切，他高明，他对教师职业、教学任务的分寸把握得完美。我现在眯眼看着窗外，似见孔夫子正大袖飘飘，含笑而来，他要来参加咱们的讨论吗？

孔子利用愤悱开展启发式教学，后人对其如此评价：

愤愤求其通，
悱悱言不能。
夫子明其神，
一言能破蒙。

孔门后代著录弟子多多，其中宋代朱熹是这么理解孔子所说的愤悱的。朱子曰："愤者，心求通而未得之意；悱者，口欲言而未能之貌。"按照朱子的理解：什么叫"愤"呢？愤，就是对于一个问题想要尽快解决，却还没有把它弄明白的心理状态。什么叫"悱"呢？悱，就是一个问题思考来、思考去，想要表达却一时还表达不好的心理状态。对于愤悱，我国历代学者屡有阐释，但说得最好的，还得数咱们朱熹老师。

（二）"诗说"愤悱

今天早上我备课时一直在想，这愤悱到底是什么样的学习状态呢？"小园香径独徘徊"之时，突然，这样的一些文字一下子跳入了我的脑海，我把它写出来，用诗来描述我心目中的"愤悱"是什么样子的。

蜡烛的灯芯，
飞鸟的羽翼，
春蚕不懈的牙齿，
旅人跋涉的脚步。

陌上花开，
林间闻笛，
云开日出，
雷鸣蛙鼓。

长鲸吸吮川流，
骆驼奔向甘泉，
耕牛眺望前路的抬头，
神迹转瞬即逝的折射。

啊，
难道机神临在？
椽笔因何勃发？
是谁在叩响我幽深的茅屋？
为何我此刻心跳怦怦？
（王定功《生活诗语·愤悱》2020.03.08）

这就是我理解的愤悱。

愤悱是什么感觉，我已“悠然心会”，但怎么让别人也知道我心中所想呢？若不对愤悱下一个定义，大家怎么知道你说的愤悱到底是什么呢？

各位同学，我遗憾地告诉你，但凡人文学科一遇到下定义，大多时候就显得有些尴尬。就比如，什么是生命？什么是教育？什么是生命教育？一千个人有一千种答案，每个人心中都有自己的“哈姆雷特”，下定义是最难的。门卫大哥冷不丁来上一句：“你是谁？”“你从哪儿来？”“你到哪儿去？”就有可能问倒最高明的哲学家。

（三）“画说”愤悱

每一个人心中都有自己所理解的愤悱，现在咱们可以把它“画”出来，尽可能清晰地呈现出来。我先试着“画”给同学们看。

“愤”，左“心”右“贲”。心，表示情感；“贲”同“奔”，奔突宣泄之义。“悱”，左“心”右“非”。心，当然也表示情感；而“非”，则是“非也非也”，有否定之义。

处于愤悱状态的我，心中的想法呼之欲出，郁结的情感即将宣泄，一肚子的话却不知怎么说。泉眼暂时被堵塞而无法迸流，火山在积聚势能即将喷发，薄薄的窗户纸使得室内的活动影影绰绰。我扯着自己的头发叩问：我日日夜夜心心念念的到底是什么？它此刻明明就在我的心里东奔西突，但是幽幽暗暗、反反复复、朦朦胧胧，怎么看也看不分明。

问题的解答还没有找到突破口，我坐卧不安、满心忐忑，像失重，像晕眩。我绕室徘徊，无法安宁，有时甚至郁闷之极，凄愁欲泣。

这时候，突然有一个什么机缘来“启”——开启、开导、启发。可能是老师的点拨，可能是学友的提醒，也可能是自己的思虑由量变通达质变。“哗”，泉水奔流；“忽”，火山喷发；“噗”，窗户纸捅破了。问题的答案去蔽澄明，朗照无碍。我张目四望，踌躇满志，沐浴在天光云影之下。

这就是我心中的愤悱，我把它“画”出来了！同学们，你心中的愤悱，你也把它“画”出来，好不好？

二、愤悱：为什么

说了什么是愤悱，接下来有一个问题扑面而来——为什么非得到了“愤悱”的状态才进行启发呢？“老师，你看这同学多可怜呀，干脆提前把答案告诉人家得了，好不好？”

不行！各位同学，之所以非得到了“愤悱”的状态才进行启发，那是因为：“愤悱”是认识的前提状态，而“启发”则是开意达辞的策略。这就像拉弓射箭，若不“会挽雕弓如满月”，把弓拉得满满的，这箭怎么可能“西北望，射天狼”？怎么可能射得那么远呢？这里关涉学习效率问题——只有在“愤悱”的情况下“启发”，才有可能取得学习效率的最大化。

正是在这个意义上，宋代的程颐先生说：“不待愤悱而发则知之不能坚固，待其愤悱而后发，则沛然矣。”（李炳南《论语讲要》）意思是，如果还没到愤悱就去启发，学习者虽然学到一些知识，但是掌握得不会太牢固，也不会很长久；若是达到愤悱状态再来启发，那就可以事半功倍了，学习者对知识的掌握才会扎扎实实、长长久久。

由此看来，“愤悱”是富有价值的一种学习困境。正所谓：“学然后知困。”只有真心学习，才能追求“愤悱”；只有全情投入，才能通达“愤悱”。“愤悱”是“求知欲”的生动表达，“愤悱”是学习动机的生命呐喊。“愤悱”是对“启发”的急切呼唤，“启发”是对“愤悱”的深情回答。

我个人对生命教育的研究就常常处于愤悱状态。生命教育干系家国天下，功名利禄于我如清风浮云。我为学术研究而焚膏继晷、废寝忘食，夜以继日、兀兀穷年。仰而思之，夜以继日；幸而得之，坐以待旦。这种学术生涯“痛并快乐”着。

各位同学，缺乏“愤悱”体验的学习，必然是心不在焉、漫不经心的，其效果也会浮光掠影、一曝十寒。学习者应该主动创设“愤悱”的情境，感受“愤悱”的困顿，体验“启发”之去蔽澄明，享受彻悟之天光云影。这样的学习才如春风化雨、万物生长，在知、情、意、行诸方面的发展才会千帆竞发、百舸争流。

三、愤悱：怎么做

对于如何利用愤悱改进咱们的学习，在这儿我不想谈我们团队正在做的中小学生学习力唤醒研究，那过于“学术范儿”了。我仅基于自己的生命经历，提三点建议。

第一点建议：遇到愤悱，请抓住。

同学们，愤悱的状态并不好找，有时是可遇不可求的。若你遇到了，要抓住它，就像草原上驯马手捉住飞奔的小马驹，让它成为你有效学习的契机。

故事发生在我上小学三年级的时候。我的学校在河南省内乡县大波河村，有些偏远。但家乡在我心目中最美，我的学校在我心目中也最美。那一日，云在天，鸟归林，正是日落黄昏。放学时，我有些“掉队”，老师返回陪我。山道上，老师突然停了下来，指着快要落山的太阳对我说，你知道吗，有一首诗是为你而写——

白日依山尽，黄河入海流。
欲穷千里目，更上一层楼。

老师的这些话于我真是振聋发聩！我告诉你们一个小秘密：就是我从小以来，一直不太招人待见，加上颜值太低，使得我一度打心眼儿里对自己没有多大信心。现在老师竟然说，这首诗是专门为我而写的。当时我小脸红红的，小心脏怦怦乱跳。那一瞬间，似乎诗词的灵光从天而降，照彻我淤塞的心田。不知不觉我已泪流满面，自此对诗词念兹在兹、心向往之，与诗结缘，一生不离不弃。那天的夕阳如此之美，仿佛此刻就在眼前。

对诗的喜爱深深地影响了我的生活、工作和学术研究。仅就诗歌而言，我虽不知道自己背诵过多少诗，但大致算了一下，自己创作的新旧体诗词已逾万首。当年陆放翁所说“六十年间万首诗”，看来此言不虚。我十分感恩我的诗词启蒙老师，他是袁立冬老师，今年已84岁了；也十分感恩生命中每一次难得的际遇。愤悱，它曾真真切切地发生在我的身上，并在诗的王国一直陪伴着我。

第二点建议：寻找愤悱，请坚持。

愤悱的状态来了，不要放弃它，要培植它，体味它。哪怕有一些痛苦，哪怕有一些愁闷。

我初一时，偶读一部武侠小说，书中有这么一句——“旁观拍手笑疏狂，疏又何妨，狂又何妨！”那意象、那诗意的闪电一下子击中了我的心。我发疯似的喜欢它，也发疯似的寻找这一词作的全篇。有同学说，你“百度”一下不就出来了。哈，可爱的小同学，我们这一代人哪有你们幸运呀，那时互联网还没有进入中国。

“旁观拍手笑疏狂，疏又何妨，狂又何妨！”这词句如此奇妙，可能是我不够好，配不上这么好的诗词。一直在寻找，却一直找不到，这一找就是许多许多年。那些年里，我找遍了所能接触的每一部书，问遍了貌似有学问的每一个人，但这阕词却是“上穷碧落下黄泉，两处茫茫皆不见”。每到过年，别人载歌载舞，我却在一隅伤心——哎，又一年过去了，你到底在哪里呀！

一次出差到湖北荆州，旅次无聊，微风细雨中，我也不撑伞，在长江南畔默默彳亍着。突然，我似乎听到一个神秘的声音，它指引我拐进路边的一家小书店。鬼使神差地，我来到高高的书架下，顺着梯子爬上去，依着梯子探出手，抽出一本书来翻阅。当时，店外雨丝风片，秋意弥漫；店内老板恹恹欲睡，读者只我一人。我越翻越快，手脚似乎已全然不受自己控制。有一阕词就这么突兀而来，似闻破空呼啸之声，一下子进入了我的生命世界。

束缊宵行十里强，
挑得诗囊，抛了衣囊。
天寒路滑马蹄僵，
元是王郎，来送刘郎。
酒酣耳热说文章，
惊倒邻墙，推倒胡床。
旁观拍手笑疏狂，
疏又何妨，狂又何妨！
（刘克庄《一剪梅·余赴广东，实之夜饯于风亭》）

当时，我捧着这部书，看着这首词，手脚颤抖，放声痛哭。你让我找得好苦，你竟藏在这里！老板大惊，跑过来说：“小伙子，莫哭撒，有话好说撒；有啥子哟，你先下来撒。”

各位同学！在宋词中，不，在古今整个词坛上，这首词绝对是别具一格、独一无二的。它是什么风格？它不是李易安的“寻寻觅觅，冷冷清清，凄凄惨惨戚戚”；也不是李后主的“问君能有几多愁？恰似一江春水向东流”；也不是姜白石的“淮南皓月冷千山，冥冥归去无人管”，更不是柳耆卿的“执手相看泪眼，竟无语凝噎”。李清照词风是愁婉，李煜词风是凄婉，姜夔词风是清婉，柳永词风是情婉。他们的这些词的风格都属婉约派。那么豪放派呢？是苏轼的“大江东去”，还是辛弃疾的“气吞万里如虎”？也不是，东坡词那是豪放，稼轩词那是雄放，而“江湖词人”刘克庄的这首词的风格不属于以上任何一种，它豪爽超迈、慷慨磊落、了无拘束、淋漓酣畅，其风格似可归于“狂放”。

“旁观拍手笑疏狂，疏又何妨，狂又何妨！”

这首词我寻找了许多年月，它影响我很深很久。现在我老了，还是一箫一剑，疏狂依然，在法规和良俗的框架内傲然穿行于天光云影之下、辽阔大地之上！

第三点建议：寻得愤悱，陪着它。

愤悱，有时候会让咱们很痛苦、很愁苦、很凄苦，把人折磨得够呛，这种感觉与咱们通常理解的轻松快乐很不一样。

同学们，这里我得向你们说清楚，学习常常并不是轻松自在的。当然，学习也有轻松愉快的时候——“暮春者，春服既成。冠者五六人，童子六七人。浴乎沂，风乎舞雩，咏而归。”你看，暮春的时候，穿着春天的衣服。我和几个成年人、几个少年外出研学。学习之余，我们到沂河里洗洗澡，在舞雩台上吹吹风，唱着歌回到学校。这是孔子“弦歌施教”的教育场景，充满着生命的活力，多么令人神往！

但朱永新老师所说的“幸福完整的教育生活”有着更为丰富的含义，学习并非总是舒适安泰的。大多时候，学习的状态是“书山有路勤为径，学海无涯苦作舟”；学习的路径是“宝剑锋从磨砺出，梅花香自苦寒来”。你会痛苦，你会孤独，你会郁结忧闷，你会茫然无助，你会“欲渡黄河冰塞川，将登太行雪满山”。但是，“做痛苦的人，不做快乐的猪”可能是咱们的共识吧。欲戴王冠，必承其重；艰难困苦，玉汝于成。不是吗？

有时，学术之路就像鲜花铺满的蹊径，学者轻松漫步其上，笛箫相和，春风得意。

而有时，学术之路又像着了火的荆棘，学者赤脚在火里走着，伤口淌着血。

（王定功《生活诗语》2020.03.08）

刚才我的三点建议，是基于我个人生命体验，对应愤悱作用于学习的过程而提出的支持策略，这“三步干预法”是我个人“土郎中的土办法”。而对于这一学习干预过程，其实古人有过十分文雅的表达。

我说：“遇到愤悱，请抓住。”古人说：“昨夜西风凋碧树，独上高楼，望尽天涯路。”意思是，昨夜西风凛冽，秋叶飘零，我独自登上高楼，望尽了天涯路。

我说：“寻找愤悱，请坚持。”古人说：“衣带渐宽终不悔，为伊消得人憔悴。”意思是，那么就让我无怨无悔地在相思中消瘦下去吧，为了你憔悴老去，也心甘情愿。

我说：“寻得愤悱，陪着它。”古人说：“众里寻他千百度，蓦然回首，那人却在，灯火阑珊处。”意思是，我在人群里寻找她千百次，都见不到，不经意间一回头，却看见了她立在灯火深处。

喜欢阅读的同学可能也听出来了，上述三段词句，正是王国维“治学三境界”的生动表达。这也刚好对应愤悱支持启发的三段过程。其实，无论治学还是人生，从广义上讲都是学习或者关乎学习。学习伴随人生全过程，愤悱也应伴随人生全过程。语数外、政史地、体音美是学习，需要咱们汲汲孜孜一心向学；而“柴米油盐酱醋茶，琴棋书画诗酒花”也是另一种形式的功课，需要咱们“行乎其所不得不行，止乎其所不得不止”；“上马击狂胡，下马草军书”“书生报国无他物，唯有手中笔如刀”也是一种学习，更需要咱们“博学之，审问之，慎思之，明辨之，笃行之”。直到咱们老了，直到终有一天要离开这个世界的时候，还可以“朝闻道，夕死可以”——同学们请看看：一个人漫长的一生，可不就是一个由愤悱一路伴随的一场“大学习”吗？

“思之思之，又重思之；思之不得，鬼神通之。”

今天的课就要结束了。同学们，经过今晚的交流，你对愤悱有了一些新的认识吗？此刻你的双眼闪亮了吗？你的内心萌动了吗？你的“小宇宙”觉醒了吗？对于即将返校学习，你正跃跃欲试吗？

作为真正的学习者，咱们应该期待愤悱、追求愤悱、拥抱愤悱，勇敢而坚定地行进在追求真理的那条“着了火的荆棘路”上，重新找到真正的自己——这个“自己”，不是此刻的自己，而是潜在的自己、未来的自己、一个有待书写的自己、一个更好的自己。

拓展生命的长宽高，珍爱生命、热爱生活、成就人生，过一种幸福完整的教育生活。让我们一起走在新生命教育的征途上。

疫情下对灾难的思考

作者简介

周国平

著名哲学家、作家，中国教育三十人论坛成员，中国社会科学院哲学研究所研究员。著有学术著作《尼采：在世纪的转折点上》《尼采与形而上学》，散文集《守望的距离》《各自的朝圣路》《安静》《善良·丰富·高贵》《生命的品质》，纪实作品《妞妞：一个父亲的札记》《岁月与性情——我的心灵自传》《偶尔远行》《宝贝，宝贝》，诗集《忧伤的情欲》，以及《人生哲思录》《周国平人文讲演录》等，译有尼采著作《悲剧的诞生》《希腊悲剧时代的哲学》《我们教育机构的未来》《作为教育家的叔本华》《偶像的黄昏》《尼采美学文选》《尼采诗集》等。

一、用大尺度衡量大苦难

越是面对大苦难，就越是要用大尺度来衡量。所谓大尺度，第一个是哲学的尺度，第二个是历史的尺度。

用哲学的尺度衡量，就是站在永恒宇宙的立场上来看人世间的事情，你就会看到，无论对于人类，还是对于个人，人世间的一切灾祸和幸福都是暂时的，都是过眼云烟。古罗马皇帝马可·奥勒留写过一本《沉思录》，在这本书里，作者不断地提醒自己，让自己记住眼前所经历的一切都是暂时的，不要太在乎。你想一想，凯撒、亚历山大大帝这些建立了辉煌功绩的人都到哪里去了，许多受苦受难的人都到哪里去了，还不都是一样？所以你要经常用终有一死的人的眼光来看事物，和你在人世间的一切遭遇保持距离，活得超脱一点。

我觉得对于灾难就应该有这样一个眼光，要看到一切皆变，无物长存。你想一想，在无边的宇宙中，人类只是在一个很小的角落里面生存，而且从永恒的眼光来看，生存的时间极其短暂。用这个眼光看，你就会觉得所有的祸福苦乐其实都不太重要，都是暂时的。在大尺度之下，一切苦难都显得小了。当然，如果我们总是用这样一个大尺度看事物，那就太消极了，但是在遇到大灾难的时候，我们需要这样一个大尺度。我们只好想开一些，否则还能怎样呢?

除了哲学的尺度，还有一个历史的尺度。用历史的尺度衡量，我们会看到，人类从来是在灾难中生存的，灾难和重建乃是寻常经历，人类历史就是一部不断遭遇灾难又不断重建的历史。不论科技落后还是先进，人类控制自然力量的能力永远有其限度，灾难的发生具有它的必然性。

查一下历史，发生过许多大的灾难，造成损害最严重的是地震和瘟疫。大的瘟疫，比如公元前430年雅典发生瘟疫，死亡人数约占总人口的一半。古希腊历史学家修昔底德在《伯罗奔尼撒战争史》里形容说，人像羊群一样死去。这部战争史写的就是雅典和斯巴达之间的战争，最后斯巴达胜了，但是雅典并不是被斯巴达打败的，是被瘟疫打败的。14世纪中叶，欧洲爆发鼠疫，死亡2500人，大约也占欧洲人口的一半。比较近一点的是1918年的西班牙流感，说是西班牙流感，其实是全球流行，感染的人口有10亿，死亡2500到4000万人。

通过人类的灾难史，我认为可以得出两点结论。第一，灾难的发生有其必然性，人类必须接受这个事实。第二，人类仍有可能尽量减少灾难的损失，早发现，早采取措施，改善公共卫生条件，加强传染病的防控，可以把损失减到最低限度。现在的防控和医疗能力毕竟强得多了，如果这场疫情早几十年发生的话，损失会难以想象。

二、反思人与自然的关系

在灾难面前反思，我认为应该着重反思人与自然关系的问题。人和自然到底谁更伟大？谁更厉害？人对自然的态度应该是征服还是敬畏？我们曾经认为人比自然伟大，人厉害得多，人定胜天，我们要征服自然，要让高山低头，让河水让路，我们有这个本事。事实上有些灾难的确是由大自然本身那种原始的力量造成的，是纯粹的天灾，但有些灾难却正是由我们的这种错误观点、错误做法造成的，或者和大自然的力量一同起作用，在相当程度上是人祸。我们对自然过度干预，过度开发，破坏了生态和环境，这样做本身就隐藏着灾难。

我们要牢牢记住，人必须摆正和地球的关系，对大自然的干

预必须有一个限度。20世纪，德国有一位哲学家叫海德格尔，他后半生思考的重点就是人与自然的关系。他认为，人类早期和自然是一种和谐共处的关系，但是在技术发达以后，人就用一种技术的方式来对待自然，对待地球上的万事万物了。什么叫技术的方式？就是一切都为我所用，把地球上的任何事物都看作是一种可被利用的原材料，一种能够满足人类某种需要的功能，因此每一样事物都失去了自己的本质，失去了自身存在的价值。比如说土地，原来是养育我们的母亲，是我们的家园，在技术的眼光下就只成了任人开采的矿床，现在要加上一条，成了房地产开发的地块。比如说畜禽牛羊，本来是独立的生命，长期以来是人类的伙伴，现在仅仅成了食品厂的原料。比如说河流，本来是自然的风景，而且是民族的摇篮，各大文明都是从大河发源起来的，现在仅仅成了用来发电的水压的供应者。海德格尔说，当人们在莱茵河上建立了发电厂的时候，实际上是把莱茵河变成了发电厂的一个部件，莱茵河因此失去了自己的存在。

我们应该转换眼光，不能仅仅用技术的眼光来看待事物。当然，人类为了生存，技术的眼光是不能缺的，但是不应该成为唯一的眼光，最好不要成为主要的眼光。主要的眼光应该是亲近自然万物，和它们处在共生的关系之中。

人在地球上到底是一个什么地位？我们原来认为人是地球的主人，地球上的万事万物是来为人服务的，是人类生存和发展可以利用的资源。在这样一种观点之下，必然是怎么样对人有利就怎么样对待自然。但是后来我们发现，必须为人类的长远利益考虑，比如说生态和环境的破坏对人类的长远利益是不利的，所以开始改变看法，认识到人作为地球的主人，要做一个好主人，不能做一个坏主人，不能做一个败家子，否则会遭到报复。

反思到这个程度够不够呢？现在有一些生态学家提出来，这是不够的，应该进一步认识到，人不是地球的主人。我看到有一个生态学家提出这么一个观点，他说人是地球上绿色植物的客人，是森林的客人。我把他的话扩展一下，人是整个地球的客人。其实你想一想，地球存在这么多亿年，中间只有一小段时间是有生命存在的，有生命存在的时间里也只有一小段是有人类存在的。从这个角度来看，人确实是地球的客人，而且做客的时间很短，只是来串一下门而已。既然是客人，就应该有教养，这样做客的时间还可以稍微长一点，如果没有教养，任意糟蹋地球，地球这个主人随时可以把你赶走。自然科学预言了人类毁灭的必然性，总有一天地球上的自然条件不再适合人类生存，但那是在极其遥远的未来，怕只怕没到那个时候，人类自己就毁掉了自己的生存环境，自取灭亡。

人是自然之子，自然是我们的来源，所以征服自然这种口号是很荒唐的，人怎么能征服自己的来源呢？人对自然要有敬畏之心。

自然永远比人伟大。不管是在认识自然上，还是在改造自然上，人的能力都是非常有限的。自然有它不可触犯的秘密，我们应该懂得尊重。人类不管创造了多么伟大的文明，始终是在自然的掌控之中。总之，不管从什么角度看，对于这个生我们、养我们，可能也会毁灭我们的自然，对于这个作为我们的来源和归宿的自然，我们必须有敬畏之心。

三、对灾难的态度

我们承认地球上、自然界发生灾难的必然性，从总体上说是不可抗拒的，我们也许可以减轻它造成的损害，但是，第一你不可能让灾难不发生，第二灾难发生后你不可能让它完全不造成损害，既然这样的话，我们应该用什么样的态度来对待灾难？我归纳了一下，大致可以有三种态度。

第一种是理智的态度。既然灾难是事实，躲避不了，那就只好受着，否则还能怎样？儒家就有这样一个观点，所谓尽人事而听天命。灾难属于天命，你只能顺从，在这个前提下，你可以尽人事。在减轻灾难的损失上，人类不是无可作为的，可以提高技术，做好防灾的准备，增强抗灾的能力。荀子有一句话，我印象至深，经常用它来勉励自己。他说："君子敬其在己者，而不慕其在天者。"就是作为一个有教养的人，在自己能够支配的事情上你要努力，而对于老天所决定的事情，你就不要羡慕或者责怪了。庄子说："知其不可奈何而安之若命，德之至也。"对于你无法支配、无法改变的事情，你以平静的心态把它当作命运接受下来，这说明你的品德高到了极点。

这种观点也是西方有些哲学家所主张的，尤其是古罗马时期的斯多葛派，强调要顺从自然，对于自然所规定的必然会发生的事情，你要平静地接受。在斯多葛派哲学家看来，面对灾难拥有一颗平静的心，这是很大的成就。灾难发生不发生，这是你支配不了的，但是有一件事情你是能支配的，就是以什么样的态度面对灾难。如果你面对灾难做到不动心，仍然保持宁静的心情，那么这个宁静的心情是任何外界的力量都夺不走的，而且是唯一夺不走的东西，是你只要愿意就能够做到的。

第二种态度我称它为伦理的态度，就是肯定苦难的精神价值。对于灾难、苦难，不只是顺从它的问题，还要通过它来获得精神上的提升。一方面，苦难可以让人对人生有更深刻的领悟。古罗马哲学家塞涅卡就说过，一个人一辈子如果总是走运，没有经历过苦难，这样的人实际上就丧失了对生活的另一半的认识，这样的人是比较浅薄的。另一方面，苦难具有提升人的道德的价值。塞涅卡还说："灾难是美德的机会，真正重要的不是你承受了什么，而是你怎么承受的。"灾难考验人，因此也就提供了一个机会，为了经受住考验，你必须提高自己。肯定苦难的伦理价值，也是一些文学家的观点，最突出的是陀斯妥耶夫斯基，他说："我只担心一件事，就是怕我配不上我所受的苦难。"他的意思是说，承受大苦难需要人格上的伟大。这有点像我们孟子说的"天将降大任于是人也"那一番话，不过孟子强调的是大苦难与伟大使命的联系。

关于苦难的精神意义，我觉得讲得特别好的是一个叫弗兰克的奥地利心理学家。在第二次世界大战期间，因为是犹太人，弗兰克被关进了奥斯维辛集中营。我们都知道，进了奥斯维辛基本上是死路一条，事实上他的妻子、孩子、父母都在那个集中营死去了。

他说他观察到，如果一个人在那种境况里看不到苦难有任何意义的话，这样的人很容易垮掉。遭受着种种不人道的折磨，同伴们不断地被送进煤气室里处死，看不到任何生还的希望，面对这样的苦难，人生还有没有意义？这确实是一个问题。弗兰克说，当时他有一个信念，就是以有尊严的方式承受人生中这最后的苦难，这本身就是一项实实在在的内在成就，因为它证明了人在任何时候都拥有不可剥夺的精神自由。这最后的苦难本身好像已经没有任何意义了，只是酷刑和死亡，但是，你是以有尊严的方式承受，还是以没有尊严的方式承受，却是完全不同的。以有尊严的方式承受，这本身就是意义，证明了你仍然拥有精神自由，无论多么大的苦难也不能剥夺你的精神自由。

第三种是审美的态度。在中国哲学里，庄子是审美态度的一个代表。在庄子看来，人类在自然界中的地位是很渺小的，就好像是一石一木在大山中，但是他认为，人可以靠一种精神自由的境界来超越这个渺小，超越人作为自然物所受的限制。他讲“齐生死”，讲“逍遥游”，倡导“与造物者游”“与天地精神往来”这样一种境界，把小我化入宇宙的大我中去，进入了这个境界，你的小我所遭受的限制和苦难就都不在话下了。

在西方哲学里，尼采可以算是审美态度的一个代表。他也认为，大自然对生命丝毫不仁慈，不怜悯，不断地创造出个体生命又不断地把它们毁灭掉，对于个体生命来说，人生本质上是痛苦。为了解决这个问题，他提出酒神精神，基本意思是要摆脱个体生命的眼光，站在宇宙大我的立场上来看生命现象。这样你就会感觉到，大自然在那里不断地创造又毁灭，就像艺术家在创造和毁灭自己的作品一样，是在玩审美的游戏。你领悟到了宇宙这个大艺术家的创造的快感，其中也包括毁灭掉个体生命的快感，你就超越作为个体生命的那种痛苦了。他的这个思路和庄子有共同之处，就是超越个体生命，把小我化入大我，不同的是庄子偏于静，强调无为，他偏于动，强调创造。